你也可以成为社交高手

林开平◎编著

北京日报出版社

图书在版编目（CIP）数据

你也可以成为社交高手 / 林开平编著 . -- 北京：北京日报出版社 , 2025.1

ISBN 978-7-5477-4817-6

Ⅰ . ①你… Ⅱ . ①林… Ⅲ . ①人际关系—通俗读物 Ⅳ . ① C912.11-49

中国国家版本馆 CIP 数据核字 (2024) 第 026745 号

你也可以成为社交高手

出版发行：	北京日报出版社
地　　址：	北京市东城区东单三条8-16号东方广场东配楼四层
邮　　编：	100005
电　　话：	发行部：（010）65255876
	总编室：（010）65252135
印　　刷：	三河市华东印刷有限公司
经　　销：	各地新华书店
版　　次：	2025年1月第1版
	2025年1月第1次印刷
开　　本：	880毫米×1230毫米　1/32
印　　张：	7.25
字　　数：	143千字
定　　价：	58.00元

版权所有，侵权必究，未经许可，不得转载

目　录

第一章
主动示好

做先开口的那个人 / 002

有矛盾就主动去化解 / 006

尴尬，没什么好怕的 / 008

怎么去感染他人 / 011

防人之心不可泛滥 / 014

第二章
陪着他人做"蘑菇"

人最希望听到怎样的赞美 / 020

学会做一只"蘑菇" / 023

看清对象定基调 / 026

以求助的名义施助 / 031

第三章
懂得尊重

看轻他人,就是看轻自己 / 036

别以为自己就是尺度 / 039

贬低别人,就是贬低自己 / 044

尊重至上,一定要考虑别人的感受 / 049

不要在别人伤口上撒盐 / 053

目　录

第四章
谦卑低调

人前不显贵 / 058

巧妙示弱，做人不可太强势 / 061

人际交往不要当"常有理" / 064

不要随便跟人摆谱 / 070

爱炫耀的人，没有好结局 / 073

处世低调，人缘好事业旺 / 077

第五章
不妨"傻一点"

好汉要吃眼前亏 / 082

不要什么都想出风头 / 085

做一个人人都喜欢的"傻子" / 090

警惕交际中的"目的颤抖" / 093

第六章
不要感情用事

交际中,不要先入为主 / 098

有些人总喜欢把人往坏处想 / 101

有一种错误叫"晕轮效应" / 104

感情用事,伤人伤己 / 108

第七章
少一点功利心

你怎样,他人就怎样 / 112

不要怀着目的去交际 / 114

后会无期还是后会有期? / 117

"君子乐于为人解困" / 120

目 录

第八章
"糊涂"一点也无妨

不妨"糊涂"一些 / 124

人不至察朋友多 / 129

别耍"小聪明" / 132

第九章
自知自爱

脸可以"厚",但心不能"黑" / 138

人贵有自知之明 / 142

远离损害你的朋友 / 146

面对宽容,要三思 / 151

请一定守好良心的大门 / 155

第十章

懂得降伏负面情绪

先破后补不可取 / 160

迁怒于人,招祸于己 / 164

使小性子往往酿成大错误 / 168

友情不能乱衡量 / 171

别把负面情绪带给别人 / 175

第十一章

以宽容之心处世

得理不让人,你就赢了? / 180

请多担待一些 / 184

有容乃大 / 187

很多事儿,根本不是事儿 / 190

第十二章
雪中送炭　成就自我

甘当绿叶，成就他人也成就自我 / 194

为他人说句公道话 / 197

"扶上马，送一程" / 200

别让你的好心伤了人 / 204

第十三章
遭遇窘境怎么办

跳出交际窘境的妙法 / 208

狭路相逢，让者胜 / 213

应对他人揭短的上下两策 / 215

第一章

主动示好

要想得到别人的友谊，自己就得先向别人表示友好。

——爱默生

做先开口的那个人

忘了从哪里看过一个故事，情节大概是这样的：

有一个男孩，新搬进了一间公寓，他发现，他的隔壁住着一个年轻漂亮的女孩。每一天，男孩都可以在电梯里看到这个女孩，但两个人从未说过话。男孩很想跟女孩搭讪，但是总不敢去，因为他怕女孩拒绝自己，怕到时会很尴尬。所以，每一次他都躲在自己房间里，听着隔壁女生的动静：听她看电视的声音，听她唱歌的声音。很多次，他想敲开女孩的门，告诉女生想跟她交朋友，但最终，当他来到女孩的门口，扬起的手又会缓缓地放下，然后又默默地回到自己的房间。

随着时间的推移，男孩发现自己越来越爱这个女孩了。他希望女孩做自己的女朋友。但是生性腼腆的他，却一次次地错失了机会。他对女孩的爱一天比一天强烈，最后他终于忍受不了了。有一天晚上，他喝了很多很多的酒，鼓足了勇气，要跟女生表白。

终于，他敲响了女生的房门，但是，没有得到女生任何的回

第一章　主动示好

应。他本想走开，却发现门是虚掩着的。于是，他就情不自禁地走了进去。然而，他发现屋子里空荡荡的——女孩已经搬走了。桌子上有一张纸条，上面写着：

> 我爱上了隔壁的男生，可我不敢跟他表白，我忍受不了这样的日子了，只能逃离这里，才能从这种痛苦中解脱……

男孩看后，痛苦不已，无尽的悔恨吞噬了他的心灵，最终他也只能离开这个伤心地。

很多人由于自身的性格等原因，不敢开口说话，或者不爱开口说话，与人的交流很少，正常的沟通没有了，因而错失了很多人生的机会，甚至导致了悲惨的后果。

如果我们敢于、善于、乐于主动交流，做先开口的人，就会感受到与人交往的魅力。

某一档综艺节目的嘉宾是几个"90后"的女孩。其中，小歌手年纪最小，而且又来自宝岛台湾，所以来到节目组跟几位姐姐打过招呼之后，就不知道该怎么开口讲话了。当时的场景比较尴尬，大家刚认识也都没有什么可聊的。这时，另一个来自北京的嘉宾突然对这个害羞内向的小歌手说："那你知道吗，就是按照我们这边的习惯，最小的，就是说，如果我们吩咐你干任何事，你必须去干。"小歌手一脸天真地惊问："不是吧？"来自北京的嘉

你也可以成为社交高手

宾说："真的，如果我们去农村，需要你帮我们打扫厕所呀，铺床啊，喂牛啊什么，这些你都要干的。最重要的是要陪着去上厕所。如果我们任何一个姐姐，晚上半夜叫你去上厕所，你一定要陪。这是礼貌，对不对？"这时，一旁的来自四川的另一位嘉宾问："那万一她想上厕所怎么办呢？"这位来自北京的嘉宾更是"坏坏"地说："那我们就不用管她了。"一番话，让大家笑得直弯腰。那位来自台湾的小嘉宾这才知道原来是大姐姐在跟她开玩笑，于是，便跟大家打开了话匣子。

来自北京的嘉宾为了打破沉默，为了让小嘉宾尽快地融入集体中，让大家可以更好地交流，便寻找话题，率先开口，故意"忽悠"小嘉宾，开起她的玩笑。这样的主动，很好地打破了人与人之间的交流。现实中，当你认识新朋友的时候，也难免会遇到冷场的尴尬吧？其实，陌生人之间有隔阂是正常的事。如果你能够像那位来自北京的嘉宾一样，懂得在别人面前展现你的亲和力，懂得打破尴尬的气氛，别人肯定也会跟你拉近距离的，继而，就会和你打成一片了。

当马克·吐温还是一个不大知名的作家时，在一次聚会上有人介绍他认识格兰特将军。两个人握过手后，紧张的马克·吐温想不出一句可讲的话，而一向沉默寡言的格兰特将军也保持着平时那种缄默态度。马克·吐温马上意识到，如果自己不先开口，那么这次握手将成为自己与格兰特将军唯一的接触，自己也会错过与这位伟大的将军成为朋友的机会。虽然紧张，马克·吐温还

第一章 主动示好

是首先开了口:"将军,这样握过手却不说话,我感到很尴尬,你呢?"格兰特将军听后哈哈大笑,二人开始了愉快的交谈。就这样,他们的关系越来越好,格兰特将军的著作《格兰特将军回忆录》也是与马克·吐温的出版公司签订协议,公开出版的。

一次宝贵的机会,如果马克·吐温不先开口,那么他和格兰特将军很可能在握手之后就分开,从而错失了深交的机会。马克·吐温意识到了这一点,于是克服自己的紧张,首先开口,把握住了机会。生活中也是如此,对于第一次见面的人,也许你会紧张,你会矜持,因而只是与他点头微笑,只是与他握手示意,可如果仅仅如此的话,你们就很难有更深入的交流,从而很可能丧失成为好朋友的机会。如果此时,你能克服自己的紧张、矜持,首先开口说话,那么对方也会更容易打开心扉与你真诚交流。

生活中也是如此,很多时候都需要一个首先开口说话的人。一些人总是希望对方先开口,殊不知对方的想法也是如此,结果最后谁也没开口。如果你能做那个首先开口的人,结果也许会大不相同。

有矛盾就主动去化解

　　一位导演拍了一部电影，公映后大受欢迎，但是，却也给他带来了一些麻烦。因为有人指出，其中很多片段是在影射一位著名的主持人，而这位主持人还是导演的朋友。这位主持人被媒体误导，对导演破口大骂。于是，一时间社会上充斥着各种流言蜚语，两个人之间便产生了一些隔阂，关系变得紧张而微妙。好在两个人也都是大度之人，时间久了，二人本已不再介意之前的事，可因为有隔阂，谁也没主动找过谁。一次，他们共同的朋友的餐厅开业，二人同时到场。面对导演，主持人还是觉得有些尴尬，不知道该上前说话还是该躲开，而导演却想，如果谁都不主动开口，那么便真成陌路了，于是他率先迎了上去，微笑着伸出双手说："你好。"主持人也如释重负地笑了，握住导演的手，和气地说："你好，好久不见。"二人终于冰释前嫌，愉快地交谈起来。

　　虽然事情过去了，二人已经不再介意，却因为彼此的隔阂，害怕见面尴尬而形同陌路。如果没有人主动开口，那么他们便真成了陌生人。于是，导演主动开口，率先示好，打破了尴尬，二人冰释前嫌。生活中也是如此，有时候我们与他人产生了一些隔阂，虽然双方都希望和好如初，却害怕尴尬而不愿主动开口，从而使隔阂无法修复。因此，当与他人产生隔阂时，与其等着他人跟你交流，不如自己主动做那个率先有所行动的人，打破尴尬，也让对方看到，你是多么重视与他的感情，从而与你更加亲近。

生活中，当与人发生矛盾和纠纷时，学会主动先开口，率先打破僵局是很重要的，因为，先坦诚交流的人往往比那些等着别人主动的人更容易使别人打开心扉、畅谈交流，也更容易结识朋友积累人脉。

尴尬，没什么好怕的

在人际交往中，陷入尴尬的境地是一件让人窘迫的事情，因此很多人都尽量使自己远离尴尬。然而，许多人也因此而失去了一些与人结交的机会。尴尬固然不好，但如果因为害怕尴尬而止步不前，则得不偿失。

戴尔·卡耐基是美国著名人际关系学大师、西方现代人际关系教育的奠基人，被誉为二十世纪最伟大的心灵导师和成功学大师之一。他也曾经很害怕尴尬。有一次，卡耐基正在准备发表一场演讲，一位朋友告诉他，在场的听众相当难缠。他很担心，问那位朋友："要是他们不喜欢我怎么办？场面一定会很尴尬。"

朋友回答道："我倒不觉得听众喜不喜欢你很重要，你越是害怕尴尬，便会越尴尬。重要的是你要把想表达的信息传达出去。至于他们喜欢或讨厌你，你又何必在乎呢？至少，你已经完成了自己的任务。"

卡耐基豁然开朗，祛除了害怕尴尬的心理，那场演讲很成功，

第一章 主动示好

听众非常喜欢他,甚至一些听众还成了他的粉丝。

在人际交往中我们经常会害怕尴尬,万一当众出丑了多尴尬呀,万一被人拒绝了多尴尬呀……于是我们总是畏首畏尾,特别是在一些公共场合,宁愿蜷缩在不被注意的角落里,也不愿主动与人交流。然而,你越是害怕尴尬,便越容易使自己陷入尴尬。其实你预想中的尴尬并不一定真的存在,当你主动展示自己时,主动与别人交流时,你会得到更多的热情与掌声。退一万步讲,即使真的会尴尬,能够收获更良好的交际状况和更多的人脉,这又算得了什么呢?

有一个人去应聘,却以失败告终,可是他并没有马上离开,而是对面试官说:"你能否给我一张名片?"

面试官没说话,对他毫无好感。

"虽然我无法成为贵公司的员工,但我们也许能够成为朋友。"他坚持着。

"哦?你这么想?"面试官表情缓和了许多。

"任何朋友都是从陌生人开始的。如果有一天你找不到打网球的搭档,可以找我。"

面试官看了他一会儿,掏出了名片。面试官确实经常为找不到伴儿打球而烦恼。后来他们就成了朋友。

有一次面试官问他:"你不觉得你当时所提的要求有点过分吗?你难道不觉得被当场拒绝很尴尬吗?"

他说:"其实人最怕的不是失败本身,而是失败以后的尴尬。

但是你也怕尴尬，我也怕尴尬，人与人之间就会变得陌生许多，我愿意去做那个不怕尴尬的人，随时准备承受尴尬的后果，所以我的人际圈子比很多人都广得多。"

在面试失败后，跟面试官交朋友，这是许多人连想都不敢想的事情，因为他们怕面对再次被拒绝后的尴尬。但这些并不是真正发生的事实，而仅仅是想象。这位求职者没有被这种想象吓退，最终成功地与面试官交上了朋友。在人际交往中，我们不敢去主动结交别人，往往怕的是尴尬的后果。然而，如果我们一直小心翼翼地保护着自己，只能使自己的交际圈子越来越小。尴尬并不可怕，作茧自缚才可怕，打破尴尬结成的茧，主动和身边的人交往，你会发现自己的人脉在增长。

我们在生活中，当与别人产生嫌隙时，也许心里希望同对方和好，却因为害怕尴尬而不肯主动伸手，最终使双方关系日益冷淡。其实，只要我们克服害怕尴尬的心理，主动一些，更轻松地进行人际交往，便会使问题迎刃而解。

害怕尴尬的心理是人际交往的一大障碍，你害怕，我也害怕，每个人都不敢主动交际，人们之间的关系只会越来越冷漠、疏远。

不怕尴尬，我们的交际会更加顺畅。

第一章　主动示好

怎么去感染他人

　　一天，朋友徐丽来看我，我们坐下来聊天儿，我说："你都不知道我这两天的情况有多糟糕。前两天，领导让我赶一个方案，我天天加班，眼睛都熬成熊猫眼了，今天早上拿去给他，他居然说，'这个方案不需要了，我前天没跟你说吗？'天哪，他什么时候跟我说过？更可气的是，从单位回家的路上，一个人低头走路撞到了我，开口就指责我，'你没长眼睛啊？'明明是他撞的我……"我话还没说完，徐丽就说："哎呀，你别说了，本来我好不容易有个假期，心情特别好，来找你一起逛街，可你啰里啰唆地说一堆烦心事，弄得我的心情也不好了。"

　　本来徐丽的心情是很好的，但我的态度却使得她受到了影响，也变得烦恼起来。我恍然明白，原来人与人的情绪是可以传染的。在生活中，别人的情绪会感染我们，我们的情绪也会感染别人。那些总是怀着消极情绪的人，只会使得周围的人也不开心，谁还愿意和你交往？如果你能用积极的情绪去感染别人，每个在你身

你也可以成为社交高手

边的人都会感觉到心情愉悦,你的朋友自然会越来越多。

值得一提的是,在人际交往中,热情是把积极情绪传递给别人的基础。你满怀热情,会让对方看到你想要与他谈话、交往的诚意,同时也会消除对方心中的拘谨、忐忑等消极情绪,使得对方也热情洋溢起来。

著名作家哈里斯有一天和他的朋友在街上逛,看见一家卖报纸的,于是就向小摊贩买了一份报纸,并且很有礼貌地说了一声谢谢。没想到摊贩并没有给予同样的回报,而是摆出了一副臭臭的表情。朋友很气愤——我们买了你的东西,你干吗要摆着这么臭的一张脸?他的心里憋满了气。走了一段路后,朋友发现哈里斯依旧十分愉悦。朋友便忍不住问道:"你不觉得刚才那个摊贩的态度很差吗,你不觉得气愤吗?"

哈里斯笑笑说:"他每天晚上都是这样的,没有什么啊!"他的朋友更惊讶了:"他竟然每天对你的态度都是这样差!你为什么还是每次都很有礼貌地跟他说声谢谢呢?"哈里斯笑着对朋友说:"我们何必让别人来影响自己的心情呢!"朋友听了,恍然大悟,看着哈里斯的笑容,很快也开心地笑了起来。

哈里斯不受小摊贩的影响,始终保持愉悦的心情,终于感染到了朋友,使朋友也开心了起来。试想,如果哈里斯也被小摊贩影响,摆出一张臭脸,朋友只会更加愤懑。因此,要想做到用积极的情绪去感染别人,还要做到的一点,就是自己不要被外界的消极情绪影响。如果你自己首先反而被消极的情绪影响了,又怎

第一章　主动示好

么能用积极的情绪去影响别人呢?特别是在一个群体中,大多数人处在消极情绪中时,你的积极情绪将成为黑夜中的一盏明灯,会使更多的人跟着你一起愉悦起来。

一个每天都开朗乐观的人和一个整天都苦着一张脸的人,你会喜欢跟谁相处?答案不言而喻。因此,我们要做那个开朗乐观的人,这样别人才能从我们的身上感受到积极的情绪,心情也会变得好起来,而我们身边的朋友也会越来越多。

防人之心不可泛滥

看过《三国演义》的人大都对曹操因"防人之心"错杀吕伯奢一家的故事印象深刻,虽然曹操说了一句"宁教我负天下人,休教天下人负我",但当午夜梦回之时,他的心灵真能那么坦然吗?曹操晚年头痛,请华佗为他看病。华佗经过诊断后,认为需要先饮"麻沸汤",然后开颅治疗。而曹操的"防人之心"再次发作,以为华佗是要借机杀他,为关羽报仇,于是命人将华佗收监拷问,致使一代神医屈死狱中,而他自己也因为失去良医诊治,不久便一命呜呼了。

俗话说:"防人之心不可无。"然而在现实生活中,过度地提防别人,就很难与他人真诚地交往,甚至会为了"防人"而产生不必要的麻烦和误会,最终害人害己。

第一章 主动示好

放下"防人之心"使你更加真诚

说到没有"防人之心",电影《天下无贼》中的傻根可算是一个典型代表,但也正因他的"不设防",感动了刘若英和刘德华扮演的盗贼,保护他并保住了六万块钱。

傻根修庙很长时间才赚了六万元,他叔很早就和他说,车上小偷多,让他把钱寄回去才安全。可是傻根不知道人心险恶,还大声嚷嚷:"你们谁是贼啊,站出来叫俺老乡看看。"结果他被贼盯上了。然而,刘若英饰演的王丽被傻根的单纯实诚所打动,一路上护佑着傻根,帮助他实现天下无贼的愿望。

由此可见,有些时候,没有"防人之心"的人,人们不但不会主动去伤害他们,反而会被他们源于内心深处的真诚所感动,给予他们更多的帮助和支持。过分的"防人之心"会使人越来越缺乏信任,丧失自身的真诚,对待别人总是心存警惕,别人也不会对你真诚相待。

放下"防人之心",使你更值得信任

宋朝大诗人曾巩和王安石在青年的时候就是好朋友。有一次神宗皇帝召见曾巩,并问他:"你与王安石是布衣之交,王安石这个人到底怎么样呢?"曾巩直率地回答说:"王安石的文章和行为确实不在汉代著名文学家扬雄之下;不过,他为人过吝,终比

你也可以成为社交高手

不上扬雄。"宋神宗很惊异,又问道:"你和王安石是好朋友,为什么这样说他呢?据我所知,王安石为人轻视富贵,你怎么说是'吝'呢?"

曾巩回答说:"虽然我们是朋友,但朋友并不等于没有毛病。王安石勇于作为,而'吝'于改过。我所说的'吝'乃是指他不善于接受别人的批评意见而改正自己的错误,并不是说他贪惜财富啊!"宋神宗听后称赞道:"此乃公允之论。"

王安石听闻此事后,并未因此而怪罪曾巩,反而对照此言反省自身,努力改过。而曾巩对王安石也更加信任,觉得他是一个值得交往的真君子。

曾巩在皇帝面前直陈王安石的缺点,如果王安石有"防人之心"的话,会想,他是在陷害我。可王安石没有,他反而真诚地信任曾巩,并且反躬自省,努力改正不足。曾巩也从这一点看出了王安石对自己的信任,从而更加信任王安石。自己就是世界的一面镜子,我们对他人真诚信任,别人也会对我们坦诚相见;我们对别人小心防备,自己也会成为他人防备的对象。因此说,常怀"防人之心"的人很难信任他人,自然也就很难被人信任,甚至会因为不信任,而做出一些可能伤害别人的行为,从而害人害己,使自己的人际关系不断恶化。

第一章　主动示好

放下"防人之心",会使你的人际关系更加融洽

多年前的一天,陈仁慧因转车孤寂无聊地待在金华小城,然而她幸运地与陌生人李月英相识,她回忆道:"一个三四十岁的妇女告诉我,她从福建南平市建阳区来,明晨去丽水。"

陈仁慧帮助李月英提着沉重的行李到了寄存处,将它们存放好后,对金华很熟悉的李月英领着她游览了金华。"天黑回到火车站,距我夜间要乘的车开车还有六个多小时,我们决意到候车室去眯一会儿。可是候车室'满员'了。"李月英在车站饭馆的角落里,找到两张靠桌子的椅子。"李月英把最里面'最安全'的椅子让给我,命令我坐进去。我睡不着,担心乘客很多……李月英说:'你不要怕睡过头,到时我会叫醒你,把你送上火车,你放心……'李月英的话像个'安民告示',不一会儿我果然呼呼入睡……"

在陌生的火车站,遇到拖着重行李的李月英,陈仁慧并没有想到"防人之心不可无",热情地帮忙。而李月英也立即回报她,两个人之间的真诚交往虽平凡,却令人感动。在她们之间流淌的温情更是我们很多人所希求的。

现在很多人在抱怨人们之间的关系日益疏离,然而你是否检讨过,这也和你"防人之心"过重有关。你每天都穿着厚厚的盔甲,对周围的一切都充满戒心与防范,那这个世界也一定会同样地对待你。如果你能适度地放下"防人之心",对别人报以更多

的热情，别人大都也会如此回报你，你的人际关系将更加融洽。

"防人之心"是人的一种自我保护，是必要的。但如果整天强调"防人之心不可无"，整天防范别人，那么你周围的人际关系将日益冰冷和恶化。在适当的条件下，暂时忘却"防人之心"，或许会使人生收获更多的温暖。

第二章

陪着他人做"蘑菇"

如果我们想交朋友,就要先为别人做些事——那些需要花时间、体力、体贴、奉献才能做到的事。

——卡耐基

人最希望听到怎样的赞美

周星驰被称为"喜剧之王",其演技广受赞誉,而他导演的电影《功夫》《长江七号》等也备受推崇。一次,导演冯小刚见到周星驰,便称赞道:"你真是一个实力派呀!"可不料周星驰却不领情,反问道:"难道我不帅吗?不是偶像派吗?"冯小刚马上接口道:"你是一个实力派的导演加一个偶像派的演员!"说得周星驰笑声连连。

周星驰的演技已经被广泛认可,因而冯小刚赞美他是"实力派"并不会使他的心情多么愉悦,反而他对自己的"帅"不是那么自信,因而更希望别人称赞他是"偶像派"。而冯小刚了解到这些情况后,一句"实力派导演加偶像派演员"不仅弥补了自己之前语言的疏忽,而且夸到了周星驰心里,自然令他笑声连连。

赞美他人会使对方心情愉悦,同时也能展现你善于发现他人优点、看到别人长处的品质。然而赞美别人,并不是说只要你开口称赞就能说到对方心里、得到对方认可。夸人要夸到点子上,

第二章 陪着他人做"蘑菇"

才能引起对方共鸣。你知道别人最希望听到怎样的赞美吗？

下面讲一个自己的亲身经历：

上大学的时候，一次我们几个同学去一位老教授家里做客。这位老教授是一位著作等身的社会学家，我们几个同学到了那里，都一个劲儿地称赞老教授学问高深，有几位同学甚至崇拜地说："您的大作我都拜读好几遍了，可是依然觉得自己难以理解其中的全部内容，真是回味无穷呀！"可老教授只是微笑，鼓励我们，要好好学习。我们的班长王斑在老教授的书房里发现了很多书法作品，以及笔墨纸砚等物品。他早就听说过老教授痴迷书法艺术，还在一些业余比赛中获过奖，于是走到一幅书法作品面前，说："这幅字，看着很有柳公权的风骨，虽然是临摹作品，但一看就是功力很深，是教授您的手笔吗？"老教授一听，来了精神："你也懂书法？"然后，王斑和老教授探讨起了书法艺术，并对老教授的书法造诣和坚持不懈的精神大为赞赏，老教授也视他为知己，对他另眼相看。

我们几个同学，赞美老教授的学问高深，流于泛泛，很难引起老教授的兴趣。而王斑却了解到老教授对书法艺术的喜爱，并从这个方面入手赞美他，果然赢得了他的好感。

在生活中，每个人都会有兴趣爱好，有的人甚至还会痴迷。在谈话中，你和他聊这些内容，他便会兴高采烈，如果你再结合实际称赞他在这方面的造诣，那可就真是把话说到他的心坎上了。这样，一方面可以让他觉得你和他志同道合，拉近距离，另一方面，你对他的称赞也契合了他对自己的肯定，更容易引起他的共鸣。

赞美别人，并不是说你只要开口说对方这么好、那么好就可以的。你要通过自己的观察、认真的思考，发现对方的特点，了解到对方最希望你赞美他哪一方面，然后对症下药，这样才能把你的赞美说到对方心坎上。

第二章　陪着他人做"蘑菇"

学会做一只"蘑菇"

有一个精神病人,以为自己是一只蘑菇。他每天都撑着一把伞蹲在房间的墙角里,不吃也不喝,谁跟他说话都不搭理,心理医生也没办法和他沟通。终于,心理医生想到了一个办法。心理医生也撑了一把伞,像那个病人一样蹲在墙角。病人看到了,主动问:"你也是一只蘑菇吗?"医生回答说"是",然后继续扮演蘑菇。

过了一会儿,医生站了起来,在房间里走来走去,病人就问他:"蘑菇怎么可以走来走去?"医生回答说:"蘑菇当然可以走来走去啦!"病人觉得有道理,就也站起来走走。又过了一会儿,医生拿出了一个汉堡开始吃,病人又问:"蘑菇怎么可以吃东西?"医生理直气壮地回答:"蘑菇当然可以吃东西啦。"病人觉得很对,于是也开始吃东西。很快,这个病人就可以像正常人一样生活了。

这是一个流传很广的故事,其中蕴含的交际道理值得我们深思。为什么一开始医生无法和病人沟通呢？因为，你从一个"人"的角度出发，怎能得到一个"蘑菇"的认可呢？只有当医生蹲下来，用"蘑菇"的心态去关心体谅对方时，才最终走进了对方的心里。我们常说，要体谅理解他人。可你从一个"人"的角度，怎么能让"蘑菇"看到你的体谅与关怀呢？你愿意蹲下来，陪他人做一只"蘑菇"吗？

吴静华被调到一家分公司当总经理，可他总感觉公司的人虽然对他很客气，却很疏远，自己很难融入这个集体。他向自己的好友也是公司的副总经理张彩兰求教，张彩兰笑着说："恕我直言，你在大家面前总是端着总经理的架子，所以大家才会对你敬而远之。就比如上次你组织单位的员工一起去KTV，当播放舞曲的时候，大家都热情地跳起舞来，只有你正襟危坐，还说：'我是总经理，得注意形象。'一句话，大家也都拘谨了起来。在一起玩的时候，你都不肯放下总经理的架子，大家怎么还敢跟你亲近？"一番话令吴静华幡然醒悟。从那以后，工作上他是总经理，但在闲暇时他不再把自己当作总经理，而是和大家一起玩、一起乐，很快便融入了这个大家庭。

你是"人"，我是一只"蘑菇"，我们不是一类，我怎么会和你亲近？当吴静华放下了架子，愿意和员工一起去做一只"蘑菇"的时候，终于赢得了大家的认可，融入了集体中。"物以类聚，人以群分。"当你总是刻意地表现你比我高明，你的身份比我高时，我哪里敢跟你"类聚"？想要真正和一个人走近，你首先要做的便是变成他的"同类",不管你们之间的差距有多大,你只有放下架子,心甘情愿地陪他做一只"蘑菇",才能真正理解他,也才能获得对方的认可。

人与人是不同的,你想获得他人的真情意,便需要真诚地付出,放下架子,设身处地为他人着想。你只是你自己,怎能打开别人的心扉?只有当你愿意蹲下来,陪对方做一只"蘑菇",你才能理解对方的想法,体谅对方的感受,以心换心。

你也可以成为社交高手

看清对象定基调

我们常用"唱高调"来讽刺那些只说空话不做实事的人,而事实上"唱高调"是一个中性词。仔细观察你会发现,当人们开始一段谈话时,其实就已经定下了一个基调,而同样的内容,有时也会因为基调的不同而产生不同的效果。特别是当面对不同的谈话对象时,不同的基调有时甚至会决定一次谈话的成败。

面对"尊者",调子不妨高一些

春秋时期,齐景公有个女儿,爱如掌上明珠,他想把女儿嫁给晏子,可晏子已经有了妻子。一次,齐景公来到晏子的相国府。晏子吩咐夫人来给齐景公斟酒,等晏子夫人下去后,齐景公问:"这是相国夫人吗?"晏子回答:"对,这是臣的糟糠之妻。"

齐景公故意感叹说:"唉,真是又老又丑啊,她怎么能配得上你这样的才子呢?寡人有个女儿,又年轻又漂亮,就把她嫁给你

第二章　陪着他人做"蘑菇"

做妻子吧！"

晏子听后，恭敬而又认真地对齐景公说："现在她是又老又丑，可我与她生活在一起已经很长时间了，因此也赶上过她又年轻又漂亮的年华。况且人都是在年轻时把将来年老时的岁月托付给对方，在漂亮时把将来丑陋时的岁月托付给对方，我已接受了她的托付，对她做出终身的承诺了。君侯想赏赐给我一个年轻美貌的女子，难道是想让我背弃妻子的托付而抛弃她，另寻新欢吗？"齐景公听后，对晏子的人品更加叹服，再也不提这门亲事了。

国君亲自上门提亲，如果晏子只从夫妻恩爱的角度说话，那么国君恐怕还会有其他说辞。可晏子不是这样，他不谈情说爱，而是将话题的基调定得高一些，从忠诚守信的高度阐述了自己的想法，作为一国国君，齐景公最鼓励的就是臣下忠诚守信，难道他还能逼着晏子背信弃义吗？因而他不再提女儿的婚事。生活中，作为领导或者长辈，往往希望自己在道义上能成为下属或者晚辈的表率，因此当面对这些"尊者"谈话，特别是拒绝这些"尊者"时，不妨把调子定得高一些，这样一来可以显示出对他们的尊敬，二来他们也会碍于自己的身份而不好反驳你。

面对平辈，调子要定得实一些

电视剧《步步惊心》中有这样一个片段：一直倾心于若曦的

十阿哥突然被皇帝指婚，要与自己素来讨厌的明玉格格成亲。十阿哥虽然被迫答应，心中却一直苦闷，天天喝酒买醉，也不上朝，惹得皇帝震怒。几位阿哥纷纷劝解十阿哥要顾全大局，可他始终无动于衷。一天，若曦来看十阿哥，见他在喝酒，便说："就打算这样醉下去吗？醉了就能不娶明玉格格了？"十阿哥说："其实我什么都明白。我已经任由皇阿玛摆布了，难道还不能发点脾气？"若曦说："大事上都已经屈从，又何必在小事上亲者痛仇者快。你既然什么都明白，干脆打定主意做个明白人，不要让八爷他们再担心，又惹皇上生气！"十阿哥听了若曦的话，似乎明白了一些，他接着又诉说了自己向来学不好东西，不受皇帝喜欢的苦闷心情，并问："我是不是很笨？"若曦回答："就是因为你'笨'，我才喜欢跟你一起玩，你喜欢就是绝对的喜欢，讨厌就是讨厌，不像那些人，说几句话，绕几个圈，所以在你面前我也可以高兴就大笑，不高兴就耍脸色，你知道吗，我在你面前很开心，很开心。"十阿哥听后，心里很受触动，放下了自己的苦闷，开始上朝。

十阿哥因为指婚的事情心中郁闷，几位来劝他的兄弟却把调子定得过高，从顾全大局、忠君孝父的高度劝解他，他难以接受，那是因为这些大道理他都懂，只是心中的郁闷无法排遣，才整天喝酒买醉。而若曦不同，她把谈话的基调定得很实在，"醉了就能不娶明玉格格了？""大事上都已经屈从，又何必在小事上亲者痛仇者快。"两句实事求是的话，使十阿哥明白自己的所作所为只能使事情更糟，接着若曦又从朋友的角度，给予十阿哥情感上的安慰,终于使他重新振作起来。平辈之间劝解他人,唱高调并不是可取的做法,反而实事求是地帮对方分析问题的症结、提出可行的建议,并给予其情感上的安慰,更容易令对方接受。

面对不如自己的人,基调中不可少了对等的尊重

一位著名主持人刚进入一档综艺节目的时候,还是一个无名之辈,和那么多知名主持人同台多少会有些紧张和自卑。特别是当有人说,好好干,这次节目很重要,别在前辈面前搞砸了!这时他会更紧张,一趟趟地跑到厕所偷偷记流程。另一位细心的主持人发现这个现象后,耐心地安慰他:"我们都只是这档节目的一名普通的主持人,在我们面前,你完全不必紧张。可能我们做的时间长一些,但你也有自己的优势,比如你搞笑的本领就很突出,你可是咱们节目的'开心果'呀!"而且每次节目播完,这位细心的主持人都会指出他表现得好的地方,来鼓励他。如今那位自卑的主持人已可独当一面,很多节目表现得自然真实、幽默可爱,人气飙升。谈到这一切,他总是感激地说:"是前辈的鼓励激励我天天向上。"

面对其他著名主持人,作为新人主持人紧张与自卑是正常的,如果别人以前辈的口吻教导他,那么只会使这位新人主持人感觉到自己与别人的距离很大,从而更加紧张。可那位细心的主持人将基调定得很低,"我们都只是这档节目的一名普通的主持人",

你也可以成为社交高手

"你也有自己的优势",将新主持人与自己放在了平等的位置上,让其感受到了尊重,同时再给予其充分的鼓励,终于使其放下了心理负担。地位低的人面对地位高的人时,多多少少会有一些敏感的自卑心理,如果你再以居高临下的口吻与其对话,只会给双方之间划下一道鸿沟。因此,当面对不如自己的人时,谈话的基调中切不可少了对等的尊重。

一篇文章的基调,将决定文章的走向,一段谈话的基调也很可能会影响到这次谈话的成败。然而人们却往往忽略了谈话的基调。在谈话中,先看清谈话对象的身份,因人而异地定下谈话基调,能收到更好的效果。

以求助的名义施助

近日读《板桥家书》，颇有收获。《板桥家书》中很大一部分内容是郑板桥写给弟弟的。郑板桥老来得子，他去山东做官，把儿子留在了老家，交给弟弟养育。孩子渐渐长大，到了拜师读书的年纪，郑板桥写信跟弟弟商议择师读书，其中有个细节是关于如何对待与自己儿子一起读书的贫寒子弟，他叮嘱弟弟："每见贫家之子，寡妇之儿，求十数钱，买川连纸钉仿字簿，而十日不得者，当察其故而无意中与之。"

这个"无意中与之"让人感动。要帮助别人，还要费些心思，装作无意中为之，不让别人察觉是在帮助他。郑板桥能在家书中特意叮嘱此事，可见其修养之好。

我们有时在媒体上看到这样的场面：捐赠者得意扬扬，把自己的善行讲得感天动地，而受助者则不知所措，低头不语，完全是配合演出，他们的隐私、尊严都赤裸裸地袒露在公众面前。这无疑是对受助者的一种伤害甚至羞辱，也有悖慈善爱心活动的本意。所谓"受人者畏人；予人者骄人"，讲的就是此理。有人说，"为善最乐，是不求人知"，最好的善良，一定会呵护受助者的尊严，真正的善举，最好是无意中与之。一个品行高洁的人，做好事都是不着痕迹的，避免给受助者带来心理压力，让受助者感到一切如常，但又恰好温暖。

我在上大学时，遇到了一位非常善良的教导员。班里有一位来自贫困地区的学生，学校按规定减免了他的学费，还给他提供了勤工俭学的岗位。寒冷的冬天，这个同学穿着相对单薄的衣服，别人都穿上了羽绒服。有一天，教导员拿着一件崭新的羽绒服找到他，对他说："前天我去给老公买羽绒服，打折的，很便宜。可拿回家一试，发现有点瘦，打折商品店家又不给退。我觉得这衣服你穿上合适，卖给你吧。一百多块钱，就算你帮我一个忙。"同学高高兴兴地接过了羽绒服，穿上后显得那么合适。后来，大学毕业了，我们才知道，那件羽绒服教导员本来就是买给那位贫困的同学的。为了呵护同学的尊严，所谓的"老公穿上瘦"，所谓的"打折商品不退货"，都是她在编故事。

对于一个需要帮助的人来说，在获得帮助的同时感受到体贴，内心该有多温暖。曾看过一段话："真正的善良，是行善而不扯善良的旗帜；是风光霁月，暗室不欺；是积德不需人见，善意匡如清流。"这是多么美好的事情啊！

我家在村头的马路旁开了一个小餐馆，我爸是主厨，我妈是

第二章 陪着他人做"蘑菇"

帮厨,还请了两个老乡做杂工,生意虽不是太红火,但每个月还是能赚上七八千块钱的。村子里谁家若有婚丧嫁娶的事情,就在我家餐馆招待客人。有一天,在城里的酒店做厨师的蒋叔回村了,他的父亲因中风瘫痪了,母亲身体也不好,蒋叔无奈辞掉了城里的工作,回村里照顾父母。没了工作,蒋叔一家只能靠以前的积蓄和家里的三亩薄田来维持生活。我爸和我妈商量,请蒋叔来我家的餐馆当主厨。如果请个厨师,就要多开一份工资,我家赚的钱就少了。而这个厨师,其实我爸完全可以胜任。但我爸说,蒋叔一家太难了,能帮就帮一把。我爸提着两瓶酒,又拿了两条好烟去了蒋叔家,恳请蒋叔到我家餐馆当主厨,说自己太累,身体吃不消了,蒋叔要不答应,餐馆就要关门。我爸完全是求贤若渴的姿态,蒋叔爽快地答应了。蒋叔是明白我爸的心意的,我爸本来说每月给他三千五百块工资,若遇到村子里谁家办事包桌,再另外给他加钱。但是,蒋叔却要求每月工资不能超过三千块。

明明是要帮助他人,我爸却以求助的名义,让人觉得倍有面子。这是平凡的老爸做的让我觉得了不起的一件事情,谈不上伟大,但称得上可贵。记得《约翰·克利斯朵夫》中有一句话这样说:"在生存面前,道德有可能被弱化;在贫穷面前,尊严有可能被弱化。"受助者不管是出于本能,还是爱面子的心理,都特别在意自己的尊严,渴望着平等和被尊重。以求助的名义施助,就是对受助者尊严的呵护。

你也可以成为社交高手

　　真正的善良,不是表演的道具,而是无痕的温暖。最好的善良,是懂人的窘迫,照顾人的感受,是细致入微的体贴,是不动声色的成全,是无意中与之,是润物细无声。

第三章

懂得尊重

"尊重别人"并不是圆滑,而是一个人应有的礼貌和谦虚的表现。

——罗兰

看轻他人，就是看轻自己

有这样一则寓言故事：一只老鹰追逐一只兔子，想吃掉它。兔子眼看自己走投无路，突然看见一只蜣螂。兔子求蜣螂帮帮它，蜣螂答应了。这时候，老鹰已追到跟前。蜣螂对老鹰说："请别伤害兔子一根毫毛，因为它是我的朋友。"可是，蜣螂看上去那么小，那么没本事，老鹰才不把它放在眼里。老鹰掐死了兔子，并当着蜣螂的面津津有味地吃了起来。蜣螂并没有忘记这一耻辱，它一心在等待复仇的机会。不久，它发现了老鹰的巢，并看到老鹰把蛋放在里面。它便悄悄飞了进去，把老鹰的蛋推到鹰巢的沿上，使它落到地上摔破了。老鹰发现后伤心不已，他痛恨自己当初看轻了屎壳郎。

有个作家读过这个故事后，感叹道："不要轻视和得罪任何一个人，哪怕他看起来是渺小的。否则，你会为此而后悔的。"朋友们，我们在现实中是不是也经常会"隔门缝看扁人"，总喜欢挑别人的毛病和缺点？其实，这种心理并不健康，我们必须克服它。

第三章 懂得尊重

如果你无端地看轻别人,最后的结果有可能是自己尴尬。当然了,被你看轻的人,也不会乐意与你相处的。

据说上古时期,黄帝带领着随从到贝茨山找一个叫大傀的人,可是走在半途上迷路了。他们遇上一位放牛的孩子,黄帝便上前问道:"小孩,贝茨山要往哪个方向去,你知道吗?"牧童说:"知道呀!就在山的那一边。"黄帝又问:"那你知道大傀住哪里吗?"牧童说:"知道啊!"他边说边给他们指路。黄帝看他懂得很多,就略带嘲讽地说道:"看你小小年纪,知道的事倒不少啊!难道你也知道如何治国平天下吗?"那牧童说:"治理天下和我放牛的方法一样,只要把牛的劣性去除了,那一切就平定了呀!"黄帝听后大吃一惊,继而非常尴尬。他原以为小孩子什么都不懂,没想到他却能以日常生活经验,悟到治国平天下的道理。

黄帝按照自己的主观臆断,认为牧童什么都不懂,所以话里还流露出调侃和嘲讽的意思。可是一盘问才明白,牧童知道的东西远远超乎自己的想象。于是,黄帝便得出了不要轻视任何人的结论。在现实生活中,如果我们总是根据别人的一些外在表现,就想当然地评价他、判定他,结果大多会因为自己错误的思想和行为,而失去了可能成为我们人生路上的伙伴或是朋友。因此,无论看起来怎样简单的人,我们也不该凭着自我的感觉,就看轻了人家。

某大学文学社开办社刊《青春风铃》,社员们推举王飞当刊物的主编。这让社员胡伟不高兴了,他觉得《青春风铃》应该

你也可以成为社交高手

由老师当主编，王飞只会写一些小稿子，怎么可能是当主编的材料？让他当主编，还不把《青春风铃》糟蹋了？于是，胡伟便找社长、找老师，坚决要求把王飞撤下来。老师对胡伟说："王飞对文学的追求比较强烈，文字功底也不错，让他锻炼锻炼，就算做不好，还有老师把关呢。"可是任老师怎么说，胡伟都坚持自己的意见，对王飞当主编一事耿耿于怀，还说如果王飞当主编那自己就要退出文学社。一个学期过去了，王飞编的两期《青春风铃》很受师生好评。再提到王飞能不能当主编这个话题，胡伟就脸红了。

俗话说："人不可貌相，海水不可斗量。"人的信念、意志、理想，并不是必然外显的品质，如果你忽视这一点，没想到别人会有这些品质，就容易把别人看轻了。说别人这也做不好那也做不好，无形中给人际交往造成障碍。像胡伟这样，图自己一时痛快，轻视别人、否定别人，不仅伤害了他人，也损害了自己的形象。朋友们，我们时常以自己的观点去判定别人，而这样是不科学甚至是荒谬的。一定要记住，别人表面上呈现出来的一些弱势的地方，不是你看轻对方的理由。

对人知之甚少，仅凭自己的想象，无端踩踏和抹杀别人的成绩，把人看扁，是愚蠢的行为。这样做，别人的形象不会变矮，自己却会被别人看扁了。朋友们，看轻他人、看扁别人，不但说明你眼光浅，更说明你的修养不够，都会给交际带来危害。因此，我们要竭力避免。

第三章　懂得尊重

别以为自己就是尺度

交际中,有些人看人看事,总习惯于以自己的尺度标准来衡量别人。这样做,主观因素占主导地位,就很难做出准确的判断,有时甚至"猴子吃麻花——满拧",得出一个根本错误的结论。

你喜欢的别人不一定喜欢

话说,古时候有两个好朋友,分别是张大人和李大人,他们同朝为官,关系很好。张大人当了多年京官,却因故未能住上公产房。李大人当了宰相后,便想帮他弄一套房子。后来,皇上施恩给臣子福利,所有京官都可以得到补贴买房。当然,张大人也终于拿到了房票。分房时,李大人看中了一幢大房。那房子面临官道,出入方便,还靠近更房,不用防小偷,而且房子有后窗,住着痛快!李大人想给朋友一个惊喜,就偷偷地挑了那幢房子留给张大人。哪知道,张大人看了房子后,非常不满,甚至还以为这房子是人家挑剩下没人要了才给他的。他说房子临近官道，白天太乱；挨着更房，夜间太吵；后窗那么大，冬天会很冷。李大人没想到自己好心帮人忙，结果却帮了个倒忙。

李大人按照自己的想法，给张大人挑房子。他以为自己喜欢的，张大人也一定会喜欢，便自作主张，挑了一幢房子给张大人。可是，他怎么也想不到，自己看上的这套房子的三个优点，在张大人看来全都成了缺点。与人交际，我们也经常会把自己喜欢的东西强加于人。其实，每个人对事件的看法和理解都不一样，做事时，我们一定要征求别人的意见，不可自作主张，否则，最后可能就会惹人厌烦。

你厌恶的别人不一定厌恶

有一位女歌手有个奇怪的毛病，就是特别厌恶看到男生将衣服扎进裤子里。一次，她和男友一起去参加朋友婚宴。男友喝了酒后，就把T恤扎在裤子里。女歌手顿时就气呼呼地说："你真无聊，让人看了好恶心！是不是你平时和我在一起的时候，很会装啊？"男友平常都会顺从女朋友的，但这次喝多了酒，就和她争辩说："我和别的男生一样装回酷怎么啦？"女歌手非常愤怒，还说出了要分手的狠话。这时，有朋友过来劝她说："我觉得你男友并没有错，你厌恶的事，为什么别人也得跟着厌恶呢？你想啊，你还是个唱歌的，你要是总统，得有多少人跟着倒霉？"女歌手被逗笑了，仔细想想后，终于点头承认自己的不是。

女歌手厌恶把 T 恤扎进裤子，这是她个人的事。但她不该苛求别人，不让别人这么做，这显得自己太任性无理了。为此她还与男友闹起矛盾，差点儿影响感情，实在不应该。其实，厌恶什么事、什么人都无妨，但要求别人也跟着去厌恶，便是强人所难。人们看问题的角度千差万别，要求别人和你思维一致，自己所厌恶的就要求别人也跟着厌恶，不但行不通，而且可笑。

你纠结的别人不一定纠结

赵小萌的母亲因病住了院，虽然有父亲在医院照顾母亲，但赵小萌还是不放心，每天还是要请半天假去医院陪陪母亲。一天，赵小萌放学回家，看见弟弟正在家里和同学谈作业，突然发火道："你怎么这么不孝？妈妈都住院了，你竟然还只顾着自己。你学习再忙，也该请假去医院多陪陪妈妈才对。"因为有同学在场，弟弟被说得无地自容。赵小萌却丝毫没有顾及弟弟的面子，反而变本加厉地批评起来。最后，弟弟终于忍无可忍道："你怎么知道我不关心妈妈？妈妈的病情不是已经稳定了吗？而且爸爸不是在照料吗？你以为你这样天天请假跑到医院去，妈妈就会高兴？你这样，只会让妈妈更担心、更觉得过意不去。"弟弟的一番话，让赵小萌无言以对。

赵小萌希望弟弟多去医院看看母亲，这是没错的。但是弟弟没有经常去医院看望母亲，不代表弟弟就不爱母亲。他肯定有自己的理由，而事实证明这个理由还更具说服力。生活中人们的想法各不相同，为人处世的方法也是有异的，你别以为你对什么事担心、纠结，别人也就该担心、纠结。如果盲目要求别人跟你一样，结果反倒可能事与愿违。

你理解的别人不一定理解

　　某品牌运动鞋在美国走俏时，推销员戴蒙德便做了一名代理商。2008 年，由于出现了世界经济危机，很多行业受到冲击，该品牌鞋业也受到了影响。一位法国客户之前订了不少货，他便给戴蒙德打电话询问生产进度。戴蒙德直言相告，说交易可能会延时。客户一听急了，质问道："这怎么能行？你是怎么做事的？"戴蒙德也急了，说："你这是什么话？我作为代理商，我比你们更希望早日成交，可现在是特殊时期，我对他们表示理解，为什么你就不能理解呢？"客户却说："我们是做生意的，只在乎交易成功与否，你跟我们说的这些，跟我有什么关系呢？"最终，这笔生意只能是黄了。戴蒙德在评论此事时，说道："是我自己犯糊涂了，我不该站在自己的角度上考虑，我能够理解的，不能要求别人也理解。"

　　因为经济危机，鞋厂生产受到了影响。作为代理商，戴蒙德对此表示了理解，这是值得肯定的。可他却指望作为客户的法国人也理解这些,并期望他们延迟交易,这就太感情用事了。所以说,在生活中,我们一定要记住,你可以对某些事物抱以理解和宽容,但是别人没有义务跟你一样。你不能不顾及别人的想法和态度,倘若自以为是而得罪别人就不好了。

朋友们,与人交往中,千万不要以自己为尺度,别以为你喜欢的别人也会喜欢,你厌恶的别人也要厌恶,你纠结的别人也该纠结,你理解的别人也能理解,因为每个人对事对人都有自己的看法和立场,我们是不能强迫别人和自己相同的。

贬低别人，就是贬低自己

人际交往中，有时因为竞争，有时因为误会，有时因为看到了别人的不足，都有可能把对方贬低一番。殊不知，贬低别人是交际的大忌。太阳不会因为被人贬低而失色，朽木也不会因为贬低别人而生辉。好贬低别人，不仅无法成就自己的高大，还会招致大家的鄙视和唾弃。从这个意义上讲，贬低别人就是在贬低自己。

贬低别人的成绩

同事在工作上比自己强，你可以有向人学习的机会。可有的人并不珍惜这样的机会，见人出了成绩便心生嫉妒，竭力贬低他人，妄图以此来衬托自己的高大。哪知道，越急于贬低别人的人，越显得没素质，贬低别人的成绩，反倒会抹黑自己。

谭会超是一名青年教师，因为工作成绩突出，在学校年终考核中被评为优秀。这一学年，小谭所教的学科，在市教研室组织的调研考试中，两次获得优胜奖。还有，她在班主任工作中发起的"家长信箱"倍受教育局领导推崇，说她在网上和家长沟通，是一项工作创新，还让她在一次研讨会上做经验介绍。小谭在工作上成为"黑马"，她的同事张丹就坐不住了。她比小谭参加工作要早好几年，现在居然跑后边去了，她的心里很不是滋味。于是就人前背后找碴儿贬低小谭。她说："就凭小谭的水平，一连拿两个优胜奖，不是瞎猫碰死耗子，就是提前知道考题了。小谭闺密的爸爸就在教研室工作，能不照顾她？"张丹还散布谣言说："谭会超弄个'家长信箱'给家长，谁不会呀？老是摆样子给人看，真是哗众取宠！她的优秀也是白捡，校长是她舅妈的学生，关系早走通了，有好事能不给她？"

经过张丹这么一煽呼，谭会超那点成绩全变没了。大家见张丹贬低别人嘴太损，只好对她敬而远之。小谭知道张丹在背后那么起劲地贬低她，也不爱理她了。

贬低别人，恰恰暴露了自己的狭隘和自私。平时和这样的朋友打交道，谁敢不设防呢？见别人有成绩就"贬"一下，别人也不见得就此会"低"下去，而自己也没有变得优秀，人缘却变得十分差劲，岂不可叹？

贬低别人的人格

人格连着的是尊严。它是人在交际中宝贵的形象符号。生活中你胡乱贬低别人的人格，不拿别人的人格当回事，自己也不会得到别人的尊重。到头来，人格受损的反倒是你自己。

李祥对张玉娟很有好感，总想尽快将张玉娟发展为女友。两个人交往得很近乎，只是没好意思说出那句话。他的同事孙红翎对张玉娟也有点意思，一有空就找张玉娟搭讪。李祥却没少贬低他，说他癞蛤蟆想吃天鹅肉。这次李祥到南方出差，最放心不下的就是张玉娟，怕自己长时间与她不见面，孙红翎会捷足先登。他对张玉娟说："孙红翎上中学时就知道谈恋爱，到现在已经甩了四五个女友了。"张玉娟直纳闷儿，孙红翎怎么样碍我什么事了？

出差期间，他给张玉娟QQ留言，或是发电子邮件，贬低孙红翎反应慢，不会来事，又懒得很，一个月也不洗一回袜子，他要是一脱鞋，满屋子要多臭有多臭。更要命的是，他还因偷人东西进过拘留所……每次看完李祥的QQ留言和电子邮件，张玉娟都有些好笑——李祥干吗非要那么起劲地贬低自己的哥们儿啊，真是有病！还是离李祥远点吧。

李祥看上张玉娟了，担心孙红翎也跟他好，就极力贬低孙红翎的人格。说他"早恋""甩女友""袜子臭""进过拘留所"，等等，妄想在张玉娟心中把孙红翎搞臭。而事实上，他满怀恶意的行为，反而首先搞臭了自己。贬低别人其间暴露出来的自身的

第三章　懂得尊重

弱点，却足以使自己败北。

贬低别人的能力

能力是人进入社会的立身之本。我们每一个人，都需要有某一方面的能力。如果谁的能力被别人有意无意地贬低了，会打心眼儿里产生不快。在交际中，以贬低别人的方式抬高自己，往往会受到抵制。贬低别人，不仅没把自己抬起来，反而还毁坏了自己的人缘。

刘振江的几个同事一个比一个优秀，他们都是公司里的精英人物。可刘振江看人总要戴上有色眼镜。不管你有多大能力，在他眼里都会褪色。去年，邓喜代表公司参加市总工会组织的书法比赛，其草书《赤壁怀古》得了二等奖，总经理都说他有两下子，可刘振江一开口就变味了："就邓喜那笔蜘蛛爬的字，还得奖？评委什么眼神啊？邓喜这人也是，什么都知道，就是不知道什么叫丢人，真是瞎起哄！"听了刘振江的话，没有不说他欠嘴德的。孔德宽为公司做了一项销售策划，被公司采用了，大获成功。刘振江又神秘兮兮地说："孔德宽的策划文案肯定是他那个同学操的刀，就小孔那点臭底我还不清楚？写策划，他也配！"让他这么奚落一通，孔德宽竟成了草包一个！人力资源部考察孙凤霞，想让她当个小领导，刘振江也出来说她的不是，说："孙凤霞在家连老公都管不了，在公司能管什么？她那个文凭都是假的。"把孙

你也可以成为社交高手

凤霞气得杏眼圆睁……刘振江总爱隔着门缝将人看扁，一有机会他就贬低别人的能力，没多少日子，办公室的人就让他给贬遍了，而他自己也成了孤家寡人。

总之，所有的人在刘振江眼里都会矮半截。如果自己没有能力，贬低别人的能力，贬低得再厉害，也不能证明自己有能力。即使你的能力真的很出众，若是激起大家的公愤，也会被大家的唾沫所淹没。

交际中，用贬低别人的方法抬高自己，无异痴心妄想。贬低别人的成绩，无法提高自己的成绩；贬低别人的人格，也不能让自己有好人格；贬低别人的能力，反倒会让人认为自己缺乏能力。所以，交际中我们千万不要贬低别人，贬低别人就是贬低自己。

第三章　懂得尊重

尊重至上，一定要考虑别人的感受

一天，好友李芳来找梅丽。李芳的神情很忧郁，在聊天儿的时候，她对梅丽说："我给你讲一个故事吧，其实故事很俗套。一个女孩喜欢一个男孩，却无法开口，于是她把男孩介绍给了自己的闺密来试探他，可谁料，男孩和她这位闺密却产生了感情。女孩和闺密都喜欢男孩，而男孩也在两个女孩中间摇摆不定，两个女孩都陷入了痛苦的煎熬……"

听到这里，梅丽便洞察到了什么，她淡淡地说："说实话吧，你是那个女孩还是那个闺密？"李芳听完一愣，讪讪地说："这只是一个故事。"然后就离开了。

很明显，李芳是故事中的某个女孩，可她既然以讲故事的方式向梅丽说这件事，就证明，这件事是她心里的伤疤，她不愿意揭开来供大家观看。可她为什么又要来梅丽这里说这件事呢？那是因为，这件事郁结在她心中，她要倾诉出来，以疏解内心的抑郁。可梅丽却偏偏戳穿人家，李芳自然会离开。此时的梅丽，完全可以做一个忠实的倾听者,即使她想劝解李芳,也可以假借故事的名义,说出自己的看法与建议。

在谈话中,李芳希望能有人倾听自己的苦恼,并给予安慰。可梅丽却全然不顾李芳的感受,直接揭开了人家的伤疤,谈话还怎么继续?由此可见,生活中,遇到事情时,我们首先要考虑到别人的感受。

林旭是一个不甘于平凡的人,立志要成为一名成功的商人。他经营一家公司,却屡遭挫折,最后公司倒闭。他受到了巨大的打击,但他却不气馁,决心重整旗鼓,从零开始。他把自己想要重新开始的想法告诉好友赵毅,问:"你觉得我能成功吗?"赵毅却说:"别折腾了,找份安稳的工作,好好过日子不好吗?老折腾个啥劲呀?"林旭摇摇头说:"你还是不懂我呀。"二人不欢而散。

回去的路上,林旭遇到了以前公司的秘书,两个人闲谈,谈到了林旭的计划。秘书诚恳地说:"林总,我跟着您好几年,对您还是比较了解的。这次虽然失败了,可您曾经取得的成绩、您的能力也是有目共睹的。谁没有遇到过坎坷,你是经过大风浪的人,我知道您一定能挺过去、重振雄风的!"林旭听后信心倍增。后来,功成名就的林旭说起此事时无限感慨:"在那个人生最落寞的时候,能听到这样一番安慰鼓励的话,就像一泓甘泉流进了干涸的土地。"

为什么赵毅的话使林旭不悦,而秘书的话却使他铭记于心呢?林旭已经选择了自己的奋斗道路,并且坚定不移。只是因为

第三章　懂得尊重

刚刚遭受失败，他需要一些支持和鼓励。他找赵毅交流，并不是为了听赵毅的意见，而是为了寻求一些鼓励和支持，可赵毅却罔顾林旭的感受，直接对他的奋斗目标进行否定，这正如当头的一盆冷水，林旭怎么能接受？而秘书的话却坚定了林旭的信心，因而使他记忆深刻。有的时候，别人已经下定了决心，还来询问我们的意见，其实他需要的只是我们的支持和鼓励，我们应该先考虑他的感受，给予其支持和鼓励。即使真的不同意他的作为，也应该先肯定他的态度，委婉地表达，而不能不顾他的感受，直截了当地否定他。

托德·库姆斯出生于美国的一个绘画世家，从小就立志成为一名画家。虽然他很努力，但他的画作始终无缘大奖。二十五岁那年，他又一次在全美的绘画大赛中败北。他终于产生了动摇，不知道前途在何方，迷茫的他向自己的老师求教。可老师却说："看来你真的是不适合绘画了，这可怎么办呀？这些年，你所有精力都放在了绘画上，如果无法在这上面取得成就，你还能做什么呀？"一番话说得托德·库姆斯更加消沉。

这时，一位邻居老人找到了托德·库姆斯，他说："古时候有个人想去罗马，可却发现通往罗马的路太挤了。无奈之下，他只好退而求其次去了佛罗伦萨，却意外地在那里找到了自己失散多年的亲人。世界上的路并非一条，既然你在绘画上走不通，为何不试试别的？说不定会有意想不到的收获。其实我早就发现你在投资方面很有天赋，碰巧我是一家贷款公司的负责人，愿意来试试吗？"老人的一番话仿佛是托德·库姆斯的指路明灯，他开始经营股票与投资，从此风生水起。后来，他被股神巴菲特选中为接班人，声名鹊起。

　　坚持了多年，却无法取得成功，托德·库姆斯对自己的未来产生了迷茫和困惑，情绪本来就低落。他现在最需要的是别人指点迷津，可他的老师却不顾他的感受，一味地为他叹息感慨，本来是好意，却打击了托德·库姆斯本来就脆弱的神经。而隔壁的老人却为他指明了出路，托德·库姆斯自然会对其更加感激。人在彷徨和迷茫的时候，总是希望能得到别人的一些建议和看法，如果你的身边出现了这样的人，最好的做法就是了解他们心中的感受，不要为他惋惜，而是给予其一些有效建议，给他一些指点，他会对你更加尊敬和感激。

　　我们平常的语言和行为会对别人的心理感受造成很大的影响，因此，在交流中，我们应该首先考虑别人的感受，照顾别人的情绪，这样，你的交流才能达到更加理想的效果。否则很可能会造成不良效果，你说你的，别人完全听不进去，甚至会惹人反感。

第三章 懂得尊重

不要在别人伤口上撒盐

最近朋友余明很郁闷,因为他伤害了自己的父亲。事情是这样的:余明刚大学毕业,想到大城市去闯荡一番,可父亲却希望他能留在自己工作了一辈子的服装厂,这样生活会更稳定,于是父亲苦苦地劝说。余明被说得烦了,便大声说:"留在服装厂有什么出息,你在这里待了一辈子不还是一事无成吗?为什么还要我留下来浪费青春!"父亲听后,面色一僵,摇摇头便不再说话了。

余明的父亲年轻时很有才华,却屡遭排挤,怀才不遇,到老了还是个小职员。对此他心中十分苦闷,常常一个人喝闷酒排遣。现在岁数大了,渐渐地不再那么介怀了,可余明的一句话却如一把盐一样撒在了他的伤口上,令他十分痛苦。俗话说"恶语伤人六月寒",生活中我们也常常会犯这样的错误,别人明明已经受到了伤害,可我们的话却在不经意间戳痛了别人的伤口,伤害到他人。

张禹人聪明,工作又好,唯一的缺点就是个头有点矮,朋友

你也可以成为社交高手

们常常拿他开玩笑,他也不介意。前一段时间,相处了几个月的女朋友带他回家见家长,谁知丈母娘对他的身高十分不满,女朋友也被迫和他分手,张禹十分痛苦。朋友们尽量不提此事,可好友李朋依然喜欢拿张禹的身高开玩笑,张禹虽然心里很生气,但碍于朋友的面子,就一直隐忍不发。一次朋友聚会,李朋多喝了两杯酒后嘴上就没把门的了,说:"昨天晚上看《水浒传》没,王矮虎那么矮居然娶了扈三娘那么漂亮的老婆,咱张禹比他还高,咋就找不着对象……"一直就对李朋不满的张禹终于怒不可遏,大声斥责李朋,李朋这才自知失言,闭上了嘴。

朋友之间,开开玩笑原本无可厚非,可张禹刚刚因为身高问题而失去了女朋友,正处在痛苦当中,李朋完全不顾张禹的感受,屡次开他玩笑,甚至在玩笑中调侃他因为长得矮而找不着女朋友,怎么能怪张禹发怒?生活中,很多人喜欢拿别人开玩笑,如果是相熟的朋友之间,调节一下气氛,也没什么不好,但是如果别人刚刚遭受挫折或者不幸,那你的玩笑就要适可而止,尤其是不能触碰到别人痛苦的原因上去。因为身处痛苦中的人是十分敏感的,你的玩笑很可能变成伤害他的尖刀。

王凌霄为人热情,单位的人都亲热地喊她王大姐。一段时间,同办公室的徐军染上了赌博的恶习,王大姐十分热心地帮助他,终于帮他戒掉了赌瘾,徐军对此十分感激。可这王大姐就是嘴快,从此以后经常拿这说事。同办公室的小马比较懒,王大姐就说:"一个人懒有什么不好改的?你看徐军那么大的赌瘾都改过来了,你咋还改不了?"有的同事犯了小错误,她也会说:"徐军那么大的赌瘾都被我纠正了,你们这点小毛病还能难得倒我?"对于赌博的经历,徐军不堪回首,本不愿再提起,也不愿别人知道,因为说话的人是王大姐,徐军也不好说什么。可时间长了,全单位都知道了他曾经是赌徒的事,越来越多的人拿此事打趣他,弄得他心里十分窝火。一次王大姐又在单位说这事,恰巧被徐军听到,他立马打断王大姐,说:"天天说,天天说,弄得我都成了单位的反面典型了,什么意思!"王大姐一时目瞪口呆,说不出话来。

王大姐帮助了徐军,这是值得肯定的,但她把这事当作一个经典案例在单位四处宣扬,就不对了。毕竟曾为赌徒是徐军心里的隐痛,徐军想尽快忘记,也不愿别人再提起,可王大姐反复地讲,不仅徐军无法忘记,反而弄得单位人人皆知,无异于在人家伤口上撒盐。谈话中,我们经常会拿身边的一些人或者事举例子,这样更容易增强话语的说服力和感染力。可如果你举的例子涉及别人的隐痛,那么最好打住,因为你的话很可能使别人的隐痛被四处传播,这就像把别人的伤疤再拿到众人目光下灼烧一样,使他人痛苦不堪。同时也会使别人觉得你是一个大嘴巴,从而影响你自身的形象。

每个人都会有这样那样不愿被他人提及的事,在谈话中,我们一定要注意,不要拿别人的痛苦开玩笑,不要提及他人伤心的过往,不要拿使别人痛苦的事情举例子,避免自己的言语戳到别人的痛处,在别人伤口上撒盐。

第四章

谦卑低调

我们最为谦卑的时候,便是我们最近于伟大的时候。

——泰戈尔

你也可以成为社交高手

人前不显贵

不显摆成就

莱蒂跑去巴塞罗那创业，经过多年的努力和奋斗，他终于在当地开了一家颇具规模的公司。一天，他在老家的玩伴多尼尔斯，从国外打工回家顺便想来城里看看他。那天一大早，莱蒂带着自己的哥哥去接多尼尔斯。接到多尼尔斯后，他们就一起去吃饭。两个老朋友许久不见面，因此话题特别多。多尼尔斯说自己现在在葡萄牙打工，虽然工作累了点，但工资还不错，足够他养家糊口。而当多尼尔斯问起莱蒂在城里做什么时，莱蒂的哥哥正想说在开公司，可莱蒂却给他使了个眼色，让他不要乱说。然后，莱蒂说自己和哥哥做着一点小买卖，也只是刚好够养家糊口而已。送走了多尼尔斯后，哥哥忍不住问莱蒂："多尼尔斯一直夸夸其谈，说自己的工作有多好，你为什么不告诉他我们比他好几百倍？"莱蒂叹了一口气说："正因为如此，我才不想告诉他。否则，他一旦知道他是打工的，而我是一位体面的老板，他会为彼此生活的巨大差异而感到自卑的。"

莱蒂的话不无道理，在生活境况不如我们的人面前不张扬、不显摆，用自己低调的幸福换取他人最大限度的自尊，这低调的幸福也是一种发自内心的善良。莱蒂在多尼尔斯面前，不显摆自己的成就，展现的是为别人着想的品质，令人敬佩。朋友们，我们应该记住，我们可以享受富足，但我们不能因生活的优越像带刺的玫瑰去伤害朋友的心，我们时刻要记得在朋友面前撕下优越感的标签。因此，在朋友面前千万不要显贵，这样才能使朋友平等与你相处。

不显摆财富

刘总刚创业时，就赚了不少钱。当时，他虽然还很年轻，却已经有车有房了。可是，刘总为人却非常低调。有一年，刘总应邀参加同学聚会。可是，就在他发动了自己的车时，他突然又下了车。他把车钥匙交给助手，说自己决定打的去参加同学会。助手很不理解地问："刘总，为什么有车不开却打的呢？"刘总说："因为我大部分同学现在生活不是特别好，如果我开着这么好的车去跟大家见面，结果肯定不会太好的。大家会认为我是在炫耀、摆阔。就算不会这么想，大家也会觉得很尴尬，觉得不如我。也就是说，不管怎样，这都会让我和大家的距离拉大。"刘总的话语，让助手非常敬佩。

这位助手后来在采访中说："像刘总这样一位年轻有钱的老板，却一点也不显摆、不张扬，真的很了不起。"这位刘总为了不显摆自己的财富，特意不开豪车而选择打的去参加同学会，看似没必要，其实却是一种有智慧的交际之道。与人交往中，一定要考虑别人的感受。当你拥有财富时，不用沾沾自喜，更不能因此骄傲，还在人前炫耀，那样做只会让人觉得你浅薄，觉得你满身铜臭。要知道，一个有修养的人，是不会在别人面前炫富的。

朋友们，无论你拥有怎样的优势，请一定记住，不要显示出来。人前不显贵，展示低调和谦虚的品质，体现为别人着想的美德，这样的人，自然会得到别人的赞誉和喜爱。

第四章 谦卑低调

巧妙示弱，做人不可太强势

　　崔杰和王涛涛是室友，平时关系不错。这天，轮到崔杰检查寝室卫生，发现王涛涛的床上杂乱，就按照规定，扣除自己寝室一分。王涛涛看见了，让崔杰手下留情，不要扣自己寝室的分了，崔杰坚持要执行制度。王涛涛有点生气，就跟崔杰争执起来。室友们来劝，也不管用。王涛涛说："你装什么大公无私，其实是小人一个。"崔杰说："你说谁小人？你再说一句，我可生气了。"王涛涛不以为然，又说了一句，一时间气氛紧张。崔杰却笑着说："好，有种你说一万句，我就告诉老师去。"室友们和王涛涛都被崔杰逗乐了，因为大家都知道，崔杰这样说其实是不想再接着吵下去了。最终，王涛涛笑着表示愿意接受扣分。

　　崔杰坚持原则，值得佩服。面对王涛涛出言不逊，他也没有以牙还牙，针锋相对，而是以一句幽默之语进行化解。这是故意示弱，也是有智慧的示弱。因为王涛涛不可能再说一万句。在发生矛盾争执时，我们完全可以通过示弱来避免矛盾升级。

你也可以成为社交高手

某电视台任命陈静为播音组组长、李明为副组长。李明当时正是年轻气盛、争强好胜的年纪,他找到主任说:"我们的履历几乎一模一样,凭什么她是正的我是副的?"无论主任怎么解释,李明都觉得不公平。陈静知道此事后,立即去找主任,强烈要求更换李明来当组长,自己当副组长。她说:"李明一直是个要强的人,播音业务上,我们不相上下,但管理上,他确实比我强。"然后,陈静还历数几件管理上的事情,证明李明比自己强。经不住陈静的请求,最终主任把陈静和李明两个人的职位调了过来。李明知道后,既惭愧又感动,从那以后,二人配合默契,成为电视台最佳黄金搭档,李明一直视陈静为最要好的朋友。

李明觉得陈静当组长而自己当副组长不公平,所以心有不甘,找领导争辩。陈静知道后,主动示弱,并且坚持要求主任调换两个人的岗位,自己甘愿当副手,成全李明的好强心,这种礼让的胸怀,实在令人动容。在生活中,每个人都会有攀比的心理,这时候,如果能够为了对方的自尊心主动示弱,满足他人的好强心,一定可以让对方感动,从而也就起到稳固友情的作用。

股神巴菲特非常热爱打桥牌,称得上业余桥牌高手。一天,巴菲特又和牌友们一起打牌,在得胜之余,巴菲特情不自禁地当众炫耀其不凡的牌技,还屡屡向旁边一位女人详加分析和讲解,只见对方始终面带微笑,耐心地聆听他侃侃而谈,并表示出极大赞赏。但事后巴菲特才被告知,那个女人是世界桥牌冠军莎朗·奥斯博格。由此巴菲特被这位其貌不扬的女性深深折服,力邀她到自己旗下的波克夏公司总部做客。自那以后，奥斯博格就成了巴菲特的桥牌教练，两个人也从牌桌上的最佳搭档发展成为生活中不可或缺的挚友。

在莎朗·奥斯博格眼里，巴菲特的炫耀可谓雕虫小技，但她并没有朝对方指手画脚，而是给予了赞赏，一下子拉近了两个人心灵上的距离。正因为她满足了巴菲特的虚荣心，才让他主动抛出了友情的橄榄枝，并最终成为知己。生活中，必定有不少人爱炫耀自己，如果我们能适当地"糊涂"点，在彼此的交往中成全别人的好强心，成人之美，一定皆大欢喜。

让别人觉得比你强，需要一种不争的态度，但这并非消极逃避、百事退让，而是一种交际的智慧，是一种人格魅力的体现。《道德经》中说："以其不争，故天下莫能与之争。"是的，主动示弱，可以为你的交际添彩，还可以为你集聚人脉资源，促进事业发展。

人际交往不要当"常有理"

有些人在人际交往中,总是以自我为中心,明明自己不占理,或巧言或强辩,非要给自己搅出个理来不可。通常人们把这样的人蔑称为"常有理"。具有这种脾性的人,从不把别人的感受放在眼里,常常拿别人的权益当儿戏,很是令人反感。所以,如果我们发现自己身上存在着某些"常有理"现象,还是及早克服为好。切不可让"常有理"给我们的交际带来危害。

那么,有哪些"常有理"需要我们着力克服呢?

尊长型"常有理"

现实生活中,一些人喜欢以尊位长位自居,在部属或晚辈面前"不说理",久而久之便形成尊长型"常有理"。人们对尊长型"常有理"一向比较迁就,因为是上司或是长辈,很少有人与之较真儿,或者根本就不能较真儿。无形中,这又助长了"常有

第四章 谦卑低调

理"行为的发生，使"常有理"的人很是得意，即使遭遇周围很多人的不满，甚至人际关系小有紧张他们也毫不在意。

某教育局监察室多次接到举报，称松林中学违纪向学生收取补课费，韩主任便带人到这所学校去调查。没想到，调查正在进行，张局长把韩主任叫过来说："韩主任啊，也就是一些乱收费的破事，批评一下就算了，查什么查？兴师动众的。"韩主任解释说："上次您不是说过，监察工作要'有访必问、有举必纠'吗？我们这也是履行职责，例行公事。"张局长火了："什么职责？现在上下都在求稳定，弄出乱子来谁负责？没有我的话，谁乱查也不行！"面对张局长的恶训，韩主任窝了一肚子气，没辙，只好把调查组撤回来了。没过多长时间，市里的晚报把松林中学乱收费的事给曝光了。市监察局、纪委都对教育局下了"通牒"，要求教育局严肃查处这一事件，并上报结果。张局长对韩主任又是暴跳如雷："我说你这个监察室主任是干什么吃的？就在我们眼皮底下出这么大乱子，怎么一点反应都没有啊？还是让人家晚报记者给捅出来的，你们全成吃干饭的了？"韩主任说："局长，松林中学的案子我们前些天就去查了。我们正查着，不知怎么回事您突然就叫停下来了……""什么？你这个同志说话可要负责任，我说的是不让你们乱查，谁说不让你们查了？这是典型的不作为，非给你个处分不行！"面对张局长的"常有理"，韩主任真是哑巴吃黄连——有苦说不出。

张局长在监察室工作问题上，依仗高位出尔反尔，横竖全是他的理，根本没有别人说话的份儿。韩主任去查乱收费现象是有碍"稳定"，不去查又是"不作为"，左右都没理。张局长对属下如此"常有理"，让属下前也不是后也不是，严重地扼杀了属下的工作积极性，同时也扭曲了自己的交际形象。谁愿意在这样的上司手下"当兵"啊？

无赖型"常有理"

有的人为了占些便宜，竟不顾自己的脸面，不顾社会公德，以无赖的行径向人摆出"常有理"的架势，不管是生人熟人，一律如此。一般情况下，遇到这种"常有理"，人们都会理智地让他三分。因为大家谁也不愿意给自己惹麻烦。无赖型"常有理"频繁发作，恶习便很容易在这类人身上沉积下来，形成一种极不适于交际的无赖型人格。

暑假里，实验小学校舍装修，拆下五千多平方米的钢窗，卖给废铁回收公司了。当回收公司过秤装车时，黄二提着铁棍子，二话没说就把几个装钢窗的工人给赶走了，并对校长说："早就跟你说好了，七毛钱一斤，我全包了，你卖给别人不行！"校长说："你一斤给七毛，人家一斤给九毛，我们当然要卖给钱多的啦。"黄二眼一翻："你敢！这批破窗户是我跟你最先讲好的，你一直就没说不卖给我，东西当然就是我的了。怎么又卖给别人呢？"值班老师劝黄二有什么事说什么事，不要那么大火，黄二说："你

第四章 谦卑低调

算赶哪辆车的？这事是校长我俩谈的，没你什么事，去一边凉快去！"见黄二的痞子相，有人想出面说和也插不上嘴。校长拿他也没办法，就搬来了街道办的王主任，想让王主任把他劝走。哪知道黄二对王主任根本不买账，他说："王主任，在街道你是个官，我听你的，可这是在学校，不是街道，你管不着我。"黄二还是不依不饶的，他说如果他今天做不成这个买卖，不拍死两口子就不算完！眼看工程被搅得没法进行了，学校只好报了警……

黄二到学校摆烂"不说理"，还振振有词成了"常有理"。他一是对校长"有理"：旧钢窗的事是"我跟你最先讲好的"，你就得卖给我；二是对值班老师"有理"：买钢窗是自己和校长谈的，没你什么事；三是对街道办主任"有理"：这是在学校，不是街道，街道办主任管不着自己。黄二的歪理一出口，好像只有他才是最牛的，谁说什么都不管用。像黄二那样撒泼耍无赖闹"常有理"的，尽管大家一般情况下都不和他们一般见识，但他们的为人处事风格在别人的心目中留下了较坏的印象。经常有恃无恐地耍无赖型"常有理"，到头来必定丧尽自己的人缘，使交际走上穷途末路。

懒散型"常有理"

有的人生活和工作都比较懒散，为了应付差事，他们经常要为自己的不当行为找些理由，或粉饰自己，或指责别人、变着法往自己的脸上贴金，因而便形成懒散型"常有理"。这种"常有理"在工作上懒懒散散，拒绝接受他人意见，却能对自己的观点给出"合理"的解释。这种"常有理"的人保护自己的意识很强，反省自己的能力却很弱。

田利华早晨上班晚到了几分钟，组长关心地问他怎么迟到了，田利华说："你当我愿意迟到啊？堵车都快把人堵死了，我有什么办法？"组长讨了个没趣，只好笑笑说："可不是，堵车烦死人了。那，月底了，你赶快把这个月的盘点表交了吧，经理刚才过来要了。"田利华说："啊？说要就要，也不给点时间。"组长说："昨天就应该交，你忘了？"田利华说："忘倒没忘。昨天跑了两趟银行，哪有时间啊？弄这个表，小工夫不够用，大工夫又没有，加班你又没权力发加班费，叫我怎么办？"组长心想，得，算你有理，就找个台阶说："劳您大驾打两壶开水去吧！现在水开了。"田利华说："你还是饶了我吧，昨天就是我打的开水，我要是把打开水的事全包了，让你们养成好吃懒做的毛病，我可于心不忍呀！"组长听了田利华的话，特别生气。

田利华迟到迟得"有理"，没有及时交盘点表"有理"，组长让他打开水他不去还是"有理"。殊不知这种"常有理"正是职场交际的大忌。在工作上为自己开脱，可以找到无数条理由和借口。但要想为自己赢得职场交际的信誉，赢得上司和同事的赞同，任何理由和借口都是苍白的。

以上我们谈的三种"常有理"都是对交际极为有害的：尊长

型"常有理"带给人的是强权欺压,无赖型"常有理"带给人的是刁蛮挑衅,懒散型"常有理"带给人的是强占上风。这些都是人们非常讨厌的。所以,如果我们身上有某种"常有理"的影子,一定要忍痛彻底清除,千万不要让这种东西固着在我们身上。

不要随便跟人摆谱

现在人们习惯用摆谱来形容一个人爱摆架子、爱显摆自己，而这种爱显摆自己的人是很多人讨厌的。

张志浩在研究院升了项目组组长，成了管理人员，黄春燕对他就不服气。张志浩满足了晋升中级技术职称——助理研究员的"软硬杠"，就报名交材料参加评审了。可劳动部门给的指标有限，如果张志浩评上了，必然挤掉一个人。黄春燕的条件和张志浩相当，最受影响的非她莫属。所以，黄春燕便在办公室说："张志浩，你有多长的工龄啊？才调来两年就想当助理研究员，真是做梦。我已经来十多年了，有六年是在野外工作，得过八次先进成果奖，你比得了吗？你不就是个破项目组长吗？去年院长让我当，我死活没当。你还好意思来评职称？我真替你脸红。"后来领导听到了这话，立即对黄春燕进行了严厉批评。

黄春燕想让张志浩评职称"靠边站"，便对他摆谱，想以倚老卖老，让他弃权，这种做法，十分霸道。现实生活中，有的人

第四章　谦卑低调

看到别人获得成就就眼红得不得了，就想打压他人，以自己的"谱"大为由头诋毁人，灭他人威风，以维护自身利益。殊不知，通过"摆谱"压低别人抬高自己，砸的却是自己的牌子。

公司前不久来了一个女会计叫张爽，没事就和大家吹牛。这天，有人看电视新闻，说某某楼盘的精装房质量太差，好多业主都去维权了。张爽一听就来劲了，说："哎呀，那个楼盘就在我家旁边。我们买的是清水房，自己装修的，没用他们装修反倒好了。我们装成八个卧室呢，都是自己设计的。"有同事就说："哇，八个卧室，好阔气啊。"张爽说："我们的小区，品质绝对一流。""哎呀，你那个地段的房子，我们这辈子也买不起了。"又有同事说。张爽说："买不起那个地方的豪宅也没关系，买一个普通的两居室、三居室的楼房也好啊。像你们这种收入的人，同样可以享受和豪宅一样的湖景，还有市政公园……如果你连这种房都买不起，那就找个好人家嫁了。不然就得申请经济适用房了。"张爽的话就是在炫富，以后同事们都不跟她走近了。

张爽和同事们摆谱，话越说越起劲，这样炫富的人，谁愿意跟她交往呢？我们与人交往，吹牛炫富，如果不是自己心虚，怕人看不起，就一定是小看了别人。但不管怎样，摆阔气、炫富，必定让人反感，最终让自己走向孤立。所以说，即使我们真的比别人富裕，我们也应该谦虚低调。

罗伟从法国高等商学院毕业后，进入企业顾问公司做战略管理顾问，很快便以出色的业绩崭露头角。就连他的老校友杜拉斯，

你也可以成为社交高手

都不得不输给他。出了罗伟这匹黑马,杜拉斯感到很被动。副总裁埃尔来考察人事工作,在公司特别接见了杜拉斯。埃尔和杜拉斯共进午餐时,向杜拉斯了解罗伟的工作情况。杜拉斯便说:"罗伟这个人还行吧,就是有点自以为是,人们对他一直没有好印象。不就是比别人多出几个客户吗?谁占到他那个位置也不会比他差。这个只会投机钻营的家伙,见识短浅,鼠目寸光,哪提得起来啊?您知道吗?我也是法国高等商学院毕业,专攻市场策划的。未来十年,我们的公司将进入杜拉斯时代,罗伟不过是我的跟屁虫而已。"杜拉斯又说了好多展示自己资历、经验、成绩的话,喋喋不休的。埃尔觉得杜拉斯的话太离谱,经过再三甄别,还是提拔了罗伟。杜拉斯从此便一蹶不振了。

杜拉斯不能接受副总裁埃尔赏识罗伟的现实,便在埃尔面前百般卖弄逞能,肆意贬低别人,进而误了自己的前程。为卖弄自己在人前摆谱,好像自己有多了不起,只能证明自己浅薄。真的比别人强则无须显摆。摆谱逞能,为自己拓展空间,实际是给自己挖坑,霉运终究会落在自己头上。

摆谱是一种高调的显示行为。不管摆谱者自不自觉,都会因为招人厌恶而影响自己的人际关系。但凡在生活中爱摆谱的人,除了给人留下一点笑柄,对别人并无大碍。但让自己给人留下不好的印象,却是绝大的损失。因此,我们倒要试问一句:与人交往,你摆什么谱?

第四章　谦卑低调

爱炫耀的人，没有好结局

易中天讲过一个《庄子·徐无鬼》里面"炫技的猴子"的故事。

有一次，吴王渡过长江上了猴山。国王出行，护驾的就不知有多少。猴子们哪里见过这种阵仗，全都吓得逃进了深林。只有一只老猴子仗着自己"艺高猴胆大"，不慌不忙地上蹿下跳于林间，向那上山的吴王炫耀它的高超技艺，得意非凡。吴王张弓搭箭，一箭射去，老猴子竟然一把接住。接着，吴王连射数箭，老猴子依然全都接住。吴王见状大怒，命令手下人一齐射箭。结果，老猴子抱树而死。

易中天感叹说，这真是个悲剧啊！是啊，这确实是个悲剧，但是却又让人觉得心疼不了，为什么？因为别的猴子都躲了起来，只有这只老猴子不在乎，还要特地在吴王面前卖弄技艺，显得自己多么有能耐。可是，这样做真的有必要吗？真的有意义吗？真的有价值吗？不好意思，真的没有。它啊，只是爱炫耀而已。

你也可以成为社交高手

现实生活中，很多人都有爱炫耀的毛病，一有机会，就各种显摆和卖弄，希望吸引别人的眼光，以此来满足自己的虚荣心。其实，爱炫耀的人，因为缺乏自知之明，不懂得天外有天、人外有人。爱炫耀的人，往往没有好结局。

谈到炫耀，也有人把莫言的小说《晚熟的人》中的一个场景当成典型例子：

在一次宴会上，来赴宴的人都是各行各业的精英和官员。准备吃饭的时候，一个中年男子突然抢到台上，要过话筒就大声介绍自己："各位领导，我是诗人金希普……今年一年，我就在全国一百所大学做了巡回演讲，出版了五本诗集，还举办了三场诗歌朗诵会……"所有人都对他刮目相看，纷纷起立鼓掌。没想到这个小小县城，还出了这么一号人物。他春风得意，控制不住自己，便要给大家现场作诗："大馒头大馒头，洁白的大馒头，芬芳的大馒头，用老面引子发起来的大馒头，家乡土地生长出来的大馒头……"一首"馒头诗"让所有人惊掉了下巴，全场发出一片笑声。一位高官看不下去，赶紧下令上菜，转移了话题，这场闹剧才因此结束。

培根说过："好炫耀的人是明哲之士所轻视的、愚蠢之人所艳羡的、谄佞之徒所奉承的，同时他们也是自己所夸耀的言语的奴隶。"一个人越不缺什么，越不会去炫耀什么。真正有见识、层次高的人，才不会表现出高人一等的样子呢，更不会用虚荣心满足自己、欺骗别人。往往只有"心穷"的人，才喜欢各种炫耀。可

第四章 谦卑低调

是，还是那句话，越喜欢炫耀的人，越没有好的结局。

石崇是西晋的大富豪，是个虚荣心极强的人，爱炫耀自己的财富。不仅他居住的"金谷园"繁华奢靡，就连厕所也都极其精致、极其讲究。当时有个叫刘寔的人，去了石崇家，突然想要上厕所，结果见里面有绛红纱帐、毯子等华丽的陈设，还有婢女手持香袋侍候。吓得这个人赶紧往回走，对石崇满脸懊恼地说："失礼失礼，下官错进了大人的卧室。"石崇笑着说："那就是厕所。"刘寔非常震惊，半天才说出一句："我享受不了此等厕所。"于是，寻找别处的厕所了。石崇尽显财力雄厚，却也因此被有心人盯上了。最终，被人诬陷图谋不轨，家产全部没收，还丢了性命。

一个爱炫耀的人，内心世界是贫乏的，这种人没有一个独立强大的精神世界来支撑，所以才要不断地从外界来获得肯定，通过不断炫耀来得到别人的赞叹和仰视。作家刘墉曾说："人都有爱炫耀的毛病，当你在炫耀的时候，也正是你弱点显露的时刻。"有时候，你拼命炫耀，非但不是体面，非但不能为自己增光添彩，反而会显得无知愚昧，遭人耻笑，甚至会招来横祸。真可谓适得其反、得不偿失啊。所以，不管是什么事，不管它多么让你引以为傲，也别随便亮出底牌，高调炫耀。一个人成熟的标志之一，是做个不动声色的人。

听过一句话，说："缺少谦虚就是缺少见识。"是的，真正的强大不是锋芒毕露，炫耀张扬，而是有实力的同时，内心还保留着低调与谦卑。"虚心竹有低头叶，傲骨梅无仰面花。"不张扬，不炫耀，以谦逊的态度对待周围的人和事，是一种修养，更是一种美好的品德。

第四章　谦卑低调

处世低调，人缘好事业旺

　　2015年，在被巴黎圣日耳曼淘汰之后，时任切尔西主帅的穆里尼奥遭受了不少批评，狂人很快便对质疑者做出了回击，他在采访中霸气地说道："那些对我的指责都是没意义的，人们对我过于关心了。他们不理解什么是幸福。我最大的幸福就是，当我把自己和别的教练相比时，只有很少几个人能和我一样成功，其他的人都被甩得远远的，我尊重所有的教练，但这就是事实。在英超现在的教练里，谁拿过欧冠？我和范加尔，对吗？在英超，又有几个人赢得过两次以上的英超冠军？温格和我。又有几个人能赢得过这个国家的每一项冠军？社区盾、联赛杯、足总杯及联赛冠军，能赢得这一切的有几个人呢？我们也可以放眼全欧洲，有几个教练能赢得七座联赛冠军？有几个能赢得两座欧冠冠军？安切洛蒂赢了三次，范加尔和瓜迪奥拉赢了两次，我这么说并非我满足于这些，我想说的是，你们过于担心我了。真正让我觉得自己是特别的一个就是以上的这些成就。你们认为我会在乎外面的那些流言蜚语？你们猜我读过那些报道了吗？猜我是否在意？我根本不在乎。"

穆里尼奥说的话尽管是事实，但还是被不少人批评，觉得他"过于高调，一点不谦虚"。是的，做人应该尽量低调一点。低调是一种品位，也是人际交往中韬光养晦、广结人缘的处世智慧。它要求我们不张扬，多关照他人，自觉从对方的角度考虑事情，处理问题的方法要温和。这样，我们的事业才会越来越红火，人生之路才会越走越宽广。那么，我们应该在哪些方面做到低调呢？

与人合作要低调

一次，李嘉诚召开董事会，他让八九岁的儿子李泽钜和李泽楷也坐在小椅子上，听父亲和各位董事讨论工作。李嘉诚在谈到某项合作公司应拿多少股份时，对各位董事说："我们公司拿百分之十的股份是公正的，拿百分之十一也可以，但是我主张标准低一点，只拿百分之九的股份。"董事们有的赞成，有的反对，争论不休，就连李泽钜也站到椅子上说："爸爸，我反对您的意见，我认为应拿百分之十一的股份，能多赚钱啊！"弟弟李泽楷也急忙说："对，只有傻瓜才拿百分之九的股份呢！""哈哈！"父亲和董事们都为小孩子的天真而忍俊不禁。但是，李嘉诚对他们说："孩子，这合作之道学问深着呢，不是一加一等于二那么简单，你想拿百分之十一发大财反而发不了,你只拿百分之九,财源才能滚滚而来。"事实证明,李嘉诚的低调姿态,是英明而有远见的。公司虽然只拿了百分之九的股份,却与对方合作得更长久,因而使公司生意兴隆,财源茂盛。

与人合作,以获得利益为目的。李嘉诚当然懂得这个道理,但他的合作态度却是内敛而低调的,只拿最低的百分之九的股份,让对方获得更大的利益,以换得更长久的合作。合作之道不是简单的"一加一等于二",做人之道亦然,这也是李嘉诚的朋友能遍及全球,生意能做到全世界的一个原因。

我们在与人合作时,要把自己的姿态放得低一点,让对方得到尽可能多的好处,这样才能让自己的路越走越远、越走越宽。相反,如果只顾自己的利益,"狮子大开口",相信过不了多久,合作就会画上句号,事业也会停滞不前。

跟人竞争要低调

夏雨和林楠是同时进入一家艺术设计公司的新人。林楠毕业于名牌大学,曾经在学院的设计大赛上获得过一等奖。而夏雨只是一般大学的毕业生。在夏雨面前,林楠的眼角眉梢都带着得意,她在会议上公开否定夏雨的设计,取笑其作品太小家子气:"这也叫设计呀?也太'业余'了吧,花钱买这样的设计还不如弄两只蜘蛛在沙滩上爬一爬呢!"夏雨听了,只是尴尬地笑笑说:"我的设计是有点缺乏创意。"其实，夏雨也曾在省级的设计比赛中拿过奖，只是没说而已。她没有把这些话放在心上，依然虚心向前辈学习，还主动跟林楠打招呼。三个月后，公司接了两个大项目，林楠和夏雨都埋头苦干，费了很多心思。最后，夏雨的设计双双被选中。原来，她跟公关部的同事关系处得好，在一次闲聊中得知客户很节省，于是就能有的放矢，控制预算，把细节处理得很完美，险胜了林楠。林楠为此大哭了一场，慢慢地她开始悔悟了，当着许多同事的面说："我说过夏雨不少坏话，看不起她，可她从来没说过我一个'不'字。原来她的能力在我之上，我怎么对得起她啊？"后来，她俩成了亲密无间的好朋友，林楠还称夏雨是知心姐姐呢。

林楠看不上夏雨，人前背后说了她许多不中听的话。但夏雨却低调应对：一方面，不计较林楠的蔑视和诋毁，"只是尴尬地笑笑"，不与对方发生正面冲突；另一方面，主动跟人家打招呼，虚怀若谷，认真学好本领，拿成绩说话。这比"针尖对麦芒"地"火拼"要高明得多，不仅避免了无谓的人际摩擦，而且还感召了对方，赢得了友谊。

职场竞争是一种没有硝烟的较量，成败与否主要靠实力。但无论怎样，都要记住一条原则：高调做事，低调做人。竞争是一时的，而做人却是长久的。胸怀宽广，善待对手，是在职场获胜的一大法宝。

第五章

不妨"傻一点"

老实人从来不吃亏。

——约翰·克拉克

好汉要吃眼前亏

一天,狮子建议九只野狗同它合作猎食。它们打了一整天的猎,一共逮了十只羚羊。狮子说:"我们得去找个英明的人来给我们分配这顿美餐。"一只野狗说:"一对一就很公平。"狮子很生气,立即把它打昏在地。其他野狗都吓坏了,其中一只野狗鼓足勇气对狮子说:"不!不!我的兄弟说错了,如果我们给您九只羚羊,那您和羚羊加起来就是十只,而我们加上一只羚羊也是十只,这样我们就都是十只了。"狮子满意了,说道:"你是怎么想出这个分配妙法的?"野狗答道:"当您冲向我的兄弟,把它打昏时,我就立刻增长了这点儿智慧。"

常言道:"好汉不吃眼前亏。"而我要对你说的是:"好汉要吃眼前亏!"以这个故事为例,狗分到一只羚羊就是眼前亏,它若不服从分配,换来的可能是狮子的利爪。你认为该怎样做?所以说,"好汉要吃眼前亏"。因为眼前亏不吃,可能要吃更大的亏!

第五章　不妨"傻一点"

何经华早年曾到一家大公司当普通职工。由于初来乍到,好说话,同事们就经常借机找他帮忙干这个干那个的,把本该属于自己的活都给他干。对此,何经华总是来者不拒,从未表示过任何不满。有人笑他傻,他却好像毫不介意。后来,公司组建新的领导班子,作为菜鸟的何经华,竟然一鸣惊人,一下子成为一名管理者。很多人对此表示不理解,但何经华却说了自己成功的秘密。原来,正是由于他以前总是帮同事做事,使他得以接触公司的各个阶层,不但对公司各个部门的运行了如指掌,还知道每个阶层人的想法。这些,就为他以后的晋升创造了最好的机会。

同事们欺负何经华是新人,便把自己的活儿都给他干。表面上看,何经华吃了亏,那些同事得了便宜。可是事实上真是这样吗?不见得。在现实中,一个人做的事比别人多,可能就比别人收获更多。所以吃点眼前亏,日后往往可以得大便宜。

东汉时期,有一个太学博士叫甄宇,为人忠厚,遇事谦让。一次,皇上把一群外藩进贡的活羊赐给在朝的官吏,要他们每人得一只。分配时,负责分羊的官吏犯了愁:这群羊大小不一,肥瘦不均,怎么分给群臣才没有异议呢?这时,大臣们纷纷献计献策。有人主张把羊全部杀掉,然后肥瘦搭配,人均一份。也有人主张抓阄分羊,好孬全凭运气。就在大家七嘴八舌争论不休时,甄宇站出来说道:"分只羊不是很简单吗?大家随便牵一只羊走不就可以了吗?"说着,他就牵了一只最瘦小的羊走了。看到甄宇牵了最瘦小的羊走,其他大臣也不好意思专牵最肥壮的羊,于是,

你也可以成为社交高手

大家都捡最小的羊牵,很快,羊都被牵光了,每个人都没有怨言。后来,这事传到了光武帝耳中,光武帝很是感动,便提拔了他。

甄宇牵走了小羊,看似吃了亏,但是,他却得到了群臣的拥戴、皇上的器重。实际上,甄宇是得了大便宜。主动吃亏不是亏,而是有着深谋远虑的精明之举。吃小亏占大便宜,古今亦然。在一些时候,如果遇事不肯吃亏,而一味选择争论不休、义气行事的话,最终只会两败俱伤,即使你赢了,你也一定会元气大伤。

"好汉要吃眼前亏",其实"眼前亏"可以换取其他利益,可以让我们更好地"生存",实现更高远的目标。可是有不少人碰到眼前亏,会为了所谓的面子和尊严,正义和公理,与对方搏斗。有些人因此一败涂地,从此一蹶不振,有些人虽"惨胜",但是元气大伤,仔细想想,实在不值得。

第五章　不妨"傻一点"

不要什么都想出风头

在生活中，我们能遇到这样一种人：他们本来有很优秀的素质，有让人感动的行为，或是有很优越的处境，可通过一段时间的经营之后，反倒把自己的人气全断送掉了，成了人见人弃的可怜虫。为什么会出现这种情形呢？原因是他们稍有作为就忘乎所以，甚至做事得寸进尺，把事做得过了头，堵死了自己的交际之路。

不可锋芒露尽

张贺春的知识能力较全面，就是性格有点张扬，让人不喜欢。公司十五周年庆典，工会组织职工进行歌咏比赛，勤务部选不出人来，王经理就打算弄一个小合唱应付一下，他便把节目报给了张贺春。张贺春有文艺细胞，他见王经理的处理方式如此小儿科，就歪着脑袋问他说："就你还想弄合唱啊？你知道什么是合唱吗？

你懂什么叫合唱吗？你以为几个人站一块唱个歌，就是合唱啊？人家市场部那么多人才，都搞不成合唱，就你连'三脚猫'的功夫都没有，还想弄一个合唱玩玩？"接着，张贺春就想给王经理讲一下有关合唱的知识，没想到，王经理早厌烦得不得了了。

公关部小魏奉命，在主楼大厅后边的影壁上写两个字——"腾飞"，他用电脑把字打在一张大纸上，正往墙上拓印呢，张贺春看着不顺眼了，说："你这叫什么招啊？真是笨到家了。字也太小，衬不起来，多难看啊！"小魏觉得他说得好像在理，就征求他的意见："那您说怎么办啊？"张贺春却说："没有金刚钻还想揽瓷器活儿？问我怎么办，自己想法子去呗，上学的时候老师怎么教的你呀……"小魏被噎得不知说什么好，心说，管他呢，我就这样写了，老板都没说不好，你算老几？

张贺春有知识、有才气，但在交际上却显得招摇。就算王经理对合唱一窍不通，小魏真的写不好字，也没必要对他们如此挖苦。因为那毕竟是人家一亩三分地的事。在这上面太露锋芒，讽刺人家让人生厌，又不能给人以帮助，反倒显得自己太浅陋，太没教养。如此待人不留余地，即使你有再好的素质，人再有两下子，也难免被人们孤立。

不可功劳邀尽

安娜的母亲觉得眼前老是有一块黑，到医院一检查，医生说

第五章 不妨"傻一点"

可能是脑血管有栓塞。这下可吓坏了安娜,她便赶紧找在医院办公室工作的李祥帮助出个主意。李祥特热情,安娜一求他,他便跑前跑后,陪着做各种检查,安排老人住院,一切都办停当才放手。李祥的表现,让安娜很感动,庆幸有这位同学。

经过几天住院治疗,老人的病一天比一天好,血栓已经消融了。李祥到病房来了,安娜感谢他的帮助,李祥说:"多亏有我找熟人,及时住院了,要是再拖延几天就麻烦了。"他还对安娜说:"你知道吗?我在这儿说句话,你还省不少钱呢,检查费都是优惠的,医生也不好给用太贵的药,要不然这钱就花得多了。""那是那是,有人好办事呗。"安娜附和着,李祥又说:"你看,医生护士对大娘都很好吧?我天天都来看大娘,别人就不敢怠慢。"有亲戚朋友来看老太太,只要李祥在这儿,他都要向人表述一番,让大家感恩。安娜的哥哥从省城赶回来看母亲,和李祥一照面,李祥便又喋喋不休地邀功,唯恐对方不领情,安娜的哥哥听得一愣一愣的。

安娜对李祥的做派很反感,只是不能表现出来而已。她在背地里对家人说:"谁的心里都没罣着坏,你有多大好别人心里又不是没个数,就是要报答,也得等我们出院以后啊。"

李祥热情地帮助同学,本应让人感动。可他总把对人的好处挂在嘴边,好像别人都是傻子,一点不领情似的,让人生厌。生活在同一个交际群,你对圈子里的人有什么贡献,不用说大家也清楚。有的人总爱把自己的功劳挂在嘴边,邀起功来不留余地,

087

遭人抵制也在所难免。

不可依靠恃尽

李建大学毕业后，被一家国企录用，非常得意，同学们也都好生羡慕。

李建的表兄在电视台当记者，一次来公司采访，他向老总说他表弟在这里，还在试用期。没几天，李建就被正式签约录用了。李建觉得有表兄当靠山真好。

时间不长，李建就向表兄开口了："表兄，我还老在车间干呀？要是让我上办公室多好。""是吗？等我给老总通个话。"结果，公司办公室辞掉了一个文员，让李建"补"上了。

后来，李建又找表兄："我们主任要疯，不是说我打的材料出错多，就是说我扫的地不干净……我还要不要上班呀？""别不上班啊！回头我找下老总，问问咋回事。"结果，主任挨了老总一通批评。

一次，李建又给表兄打电话，说同寝室工友嫌他脚臭，晚上把鞋和袜子都给他扔出去了。表兄这次不再惯着他了："你是死人哪？连脚都懒得洗，还能干得了什么？扔了活该……这种糗事还想要我给摆平啊？"

李建什么事都找表兄，把表兄都给烦透了。老总则说他自立能力差，难以成事。同事也觉得和他共事很麻烦。

李建发现表兄和老总关系好，就觉得有了靠山，不管大事小情，凡事都要找人帮忙解决，结果惹烦了表兄，冲撞了老总，也伤害了同事。受到他人的照顾是好事，但人情不宜用尽。依靠别人又不留余地终究不能长久。哪怕别人能力再大，也不可能是你永远的后盾。

人际交往纷纭复杂，但有一点是清楚的——凡事都要留有余地，给别人，同时也是给自己。锋芒不可露尽，功劳不可邀尽，人情不可恃尽。凡事懂得分寸，我们的交际才有可能游刃有余。

你也可以成为社交高手

做一个人人都喜欢的"傻子"

一位作家说:"人际交往中,工于算计是不行的,不吃亏、不让人,实际是在做小自己的空间。"的确,遇到事情,我们没必要斤斤计较、耿耿于怀。很多时候,我们不妨放开心胸,宽容对待,不在意自身利益,不计较个人得失,一切以他人为重,为他人着想。这看似有点"傻",但这样的"傻"往往会让我们的交际之路越走越宽。

责任面前,用"傻一点"获得机遇

公司六层空了出来,老总要出租给别的公司。有天晚上来了个客户要看房子,老总便打电话安排加班的王金带客户看房。王金带着客户到了六楼,发现六楼大厅的灯不亮了。客户看不见房间的格局,有些着急地说:"我好不容易晚上抽点时间来看房子,结果却看不清,看不清我也没法决定啊。这样吧,等过两天有时间我再来看,到时候你们可得把灯修好。"王金说:"实在对不起,我不知道这灯坏了,麻烦您稍等一会儿,我到我们地下室找把梯子,把灯管卸下来,到对面的五金商店买个新的。我来装,也就十分钟的事,不能让您白跑一趟。"客户同意了。王金上上下下,跑来跑去,很快就把灯管换好了。客户问:"小伙子,你是公司管后勤的啊?"王金说:"不是,是人力资源部的。今天刚好在加班。"客户说:"不错,人力资源部的还干这活,管这事。"王金说:"谁赶上都一样,都是公司的事。"两天后,这位客户便决定租了房子。后来这位客户和王金的老总熟悉了,说起那天王金换灯管的事,大加赞扬。这让老总很高兴,他看到了王金的责任心,不久便提拔工作出色的王金为部门负责人。

修理灯的事,根本不属于王金的职责。但王金却主动承担,抓紧时间把灯给修理好了。这种做法看似吃了亏,其实是一种勇敢担当、不怕吃苦受累的精神体现。而这样的人,自然容易赢得机遇。与人交往,遇到问题需要处理时,不妨"傻"一点,不推不躲,毫不犹豫地把责任揽到自己身上,并尽力做好它,或许能引起他人的重视,从而获得机遇。

利益攸关,用"傻一点"昭示人格

乐乐服装加工厂要提拔一名督导,同样作为组长的吴长利和于群是两个人选。吴长利别的都不比于群差,但他有个问题就是

你也可以成为社交高手

不会用计算机,而督导岗位是需要进行计算机考试的,吴长利害怕难以过关,所以想退出竞争。于群知道后,对他说:"你各方面能力都比我好,不能被计算机考试难住。离考试还有两个月时间,就是现在学也不晚,这样吧,让我来教你吧。"同事们暗地里都说于群傻,怎么可以帮助自己的竞争对手呢。但于群说:"谁都希望被选上,但被选上的应该是最有才华的才对。"说到做到,那以后于群真的教吴长利如何使用计算机。经过一段时间的学习,吴长利对计算机也熟悉了。最后,吴长利考试合格了,顺利得以晋升。同事们都说吴长利的计算机能力是于群给教出来的,因而都对于群抱以敬意。

毫无疑问,职场升迁关系到切身利益,人人都会很看重。但于群能帮助自己的竞争对手吴长利过计算机考试关,可谓大仁大义。不得不说,利益冲突中,专替自己打算,会矮化自己的人格,被人低看;相反,如果你变得"傻一点",把私心收敛起来,真诚地为他人着想,甚至帮助对手成功,你将赢得人们的无限敬仰。

其实,与人交往中,"傻一点",去除私心杂念,总能把别人放在重要的位置,交际之路会更宽广。

第五章　不妨"傻一点"

警惕交际中的"目的颤抖"

在小说《神雕侠侣》中，金轮国师武艺高超，把龙象般若功修炼到了第十层。但他收的两个徒弟却"不争气"：霍都天资聪明，但是阴险歹毒；达尔巴忠厚老实，但是天资不足。眼看年事已高，却没有一个真正的衣钵传人。当他遇到聪慧的郭襄，想把毕生功夫传给郭襄。但是郭襄却不愿意拜蒙古国师为师，哪怕金轮国师想方设法博取郭襄的同情，但始终无法收郭襄为徒。他想不明白，自己位居高位，又武功高强，为什么郭襄不愿意拜他为师。事实是：金轮国师一心想帮助蒙古入侵中原，他要求郭襄拜师有极强的个人目的，想借此打击在襄阳镇守的郭靖。郭襄当面戳穿他的阴谋后，金轮国师便用武力胁迫郭襄到达蒙古军中，拜师丑剧才宣告结束。

心理学上有一种现象叫"目的颤抖"，俗称"穿针心理"。在给小小的缝衣针穿线的时候，越是集中注意力，越是瞄准目标，线却越是难以进入那小小的针眼。交际中，目的颤抖常常表现在一个人带着极强的目的性与别人交往，评价别人的标准往往不是客观公正的，而是以是否对他有利为标准。生活中，这种目的性可能刚开始不被发现，但是一旦被识破，就会从此失去别人的真诚信任，让彼此的关系渐行渐远。

其实，帮助别人要出于一片真诚，若是加上了某种目的，就会让这份帮助蒙上污点。交际中，只有坦诚相见，不要让目的性左右我们的言行，避免对别人造成困扰，才能赢得别人真诚的回应。

武则天时期，张柬之担任蜀州、荆州等地方官，政绩颇丰。途经荆州办差的狄仁杰，已经身居宰相要职，发现了张柬之的政治才能，还考察了他的为人品格，认为他是个可以重用的人。回到朝廷后，他便向武则天连续两次推荐张柬之，武则天问："若是张柬之日后飞黄腾达，一定不能忘记国老的推荐啊。"狄仁杰伏倒在地，说："陛下，我举荐有才之士担任国家要职，这是出于为臣的职责。请陛下为臣保密，以防他日后碍于恩情不敢坦陈己见，则是我的罪过啊。"武则天认为他是一个不顾私利的人，对他更加信任了。后来，张柬之到朝中担任要职，经常与狄仁杰吵得面红耳赤。武则天召见张柬之，说："当初国老举荐，你才有今日，但他却不让你知晓。"张柬之知道狄仁杰不想让自己报恩，对狄仁杰更加钦佩了。

狄仁杰考察后认为张柬之能力出众，足以出任更重要的官职。但是他却要求武则天为自己保密，为的只是避免让张柬之报恩。一些人对别人施恩，一心想得到回报，这样的友谊一旦遇到挑战就将灰飞烟灭。施恩于人,而不存任何目的,才能让人看见你的胸怀和气魄,才会对你报以真诚的回应。狄仁杰的言行自然能获得武则天的信任和张柬之的钦佩。与人交往,多一些坦诚相见,对别人少一些要求,才能真正地赢得人心、获得支持。

生活中,要警惕目的颤抖破坏我们的人际关系。与人交往中,千万不要让目的左右我们的言行,要让心与心真诚地交流和互动,用真诚换取真诚,才能赢得宝贵的信任。

第六章

不要感情用事

先不要预设立场,即不要先入为主地假设对方就是错的。

——王阳明

你也可以成为社交高手

交际中，不要先入为主

　　1962年，莫斯科克雷洛夫幼儿园的一名四岁幼儿娜达莎，就在伊万诺夫园长眼皮底下，被一个红胡子男人抱走了。半个月之后，警方才把娜达莎从莫斯科远郊的一个小村解救回来。为这事，伊万诺夫差点儿丢了公职。因此，他对红胡子男人产生了极坏的印象。后来，到了12月，正值滴水成冰的季节，幼儿园的暖气突然不热了，伊万诺夫园长赶紧找煤气公司报修。没承想，煤气公司派来的竟然是一个"红胡子"维修工。这人穿一身脏兮兮的衣服，开着一辆小货车。伊万诺夫对"红胡子"早有成见，一看这位来客就觉得不像是好人，伊万诺夫便偷偷地报了警。警察很快就把"红胡子"抓走了。后来，"红胡子"的冤情被洗清了，伊万诺夫则因为害得他白白受了两天的牢狱之灾而受到了严厉的批评。

　　由于"红胡子"抱走小孩的事件，在伊万诺夫的心里，"红胡子"固化成了坏人形象。遇到别的"红胡子"他便下意识地

第六章　不要感情用事

认定是坏人，做出应激反应，这就是典型的先入为主。用第一印象断事识人，虽然方便快捷，能很快得到的结论，却特别容易出错。就像"红胡子"不一定都是坏人一样，任何"先入"的东西都不一定是确定的。所以，再深刻的第一印象，也不一定完全可靠。

高丽英在上海做了两年多中层领导，后来被派到北京办事处工作。她来北京的时间不长，甚至连环境还没来得及熟悉，就看什么都不顺眼了。她对人说："我们在上海，中层领导开周例会，一周一次。这儿可好，开早餐会，还天天开。您说是顾吃饭还是顾说事啊？主管是个女的，那么老还化着淡妆，一天婆婆妈妈的，烦不烦？"一天下午，美国通用公司打来电话，说他们发来一封电子邮件，要求公司尽快回复。高丽英打开邮件一看，是一项很好的合作项目。她把邮件内容打印出来找主管签字，却被告知，主管去涿州陪客户打高尔夫球了。没有找到主管，就等呗。可第二天一回复才知道，这桩生意早已花落别家了。主管批评高丽英："你自己职责范围内的事，找我签什么字啊？"高丽英则是一脸的委屈："我们在上海，回复客户邮件，都是要领导签字的啊。"

高丽英在新单位水土不服，怨这怨那，工作出现失误，在于她总是以旧眼光看人看事，上了"先入为主"的当。时过境迁，先入的东西不可能是你永远的参照。如果还用"先入为主"的老眼光待人接物，出现失误你就会吃苦头。

先入的第一印象是表象，是个案，具有偶然性，反映的是事物的非本质属性。尽管用它处事识人十分方便，但结论却很难做到百分之百正确。所以，我们与人交往，要特别注意"先入为主"的影响。

第六章　不要感情用事

有些人总喜欢把人往坏处想

　　生活中，我们难免会遇到一些坎坷或不如意的事。在人们的惯常思维中，自己撞墙碰壁，总要怨天尤人，把别人往坏处想，好像别人故意给自己颜色看，这不仅影响了自己的事业，更影响了人际关系。

　　最近学校要举行芭蕾舞比赛，每个班可以推荐一位同学参加。初三（1）班的刘娜娜很热爱芭蕾舞，但由于班级里有个芭蕾舞跳得很好的张雪，所以每次比赛，班主任都是选张雪去的。可这次，班主任李老师却在课上宣布说："上次是张雪同学参加比赛，这次呢，张雪的爸爸生病住院了，她这段时间没时间训练和比赛，所以这次老师决定让刘娜娜去比赛，刘娜娜去准备一下，先写一份申请书给我。"刘娜娜听后，高兴不已。可下课后，刘娜娜发现张雪去找李老师谈话，隐隐地听到张雪说她爸爸已经出院了，刘娜娜当时心就一凉：就一个名额，已经给我了，你还抢什么啊？哼！大不了成全你。该交材料了，刘娜娜一个字没写。李老师问

你也可以成为社交高手

原因,刘娜娜只好道出了实情。李老师非常失望,批评她说:"张雪根本没有说要参加,一切都是你疑心太重……"

李老师让刘娜娜写申请去参加芭蕾舞比赛,她却胡思乱想,以为张雪争抢名额,结果自暴自弃,误了事。遇事别老往坏处想,否则你只会越来越悲观失望。生活中,有很多人在利益攸关时,爱把别人往阴暗面去想,认为别人抓尖要强,因而以消极的态度应对,如此做法,只会致使自己交际遭遇障碍。

英国当代女作家扎迪·史密斯上大学时,学习成绩不是很好,写小说倒挺顺手。密友贝拉来担心她会耽误学业,就劝她暂时不要写小说了。但扎迪不听劝告,依然跑去和贝拉来的老爸(出版商)签订合同。老贝拉来把交稿时间定得很短,让她完成书稿特别困难。扎迪非常生气,觉得这肯定是贝拉来在背后作祟,回来后,便对贝拉来说:"你不支持我写小说,也犯不着让你老爸来为难我吧。你何必串通你老爸把结稿时间定在月底,是不是想让我考试挂科,来证明你是对的?你至于吗?"贝拉来听了非常生气,跺着脚大叫道:"你这人真奇怪,你和我老爸谈生意,与我一点关系没有,跟我说这些干什么啊……"两个人的友谊,就这样破裂了。

贝拉来劝扎迪应该以学业为重,暂时不要写小说,本是出于好心。但扎迪以为贝拉来是对自己写小说有看法,所以在自己出版谈判不利时,就以为这一切都是贝拉来从中作梗。还对贝拉来大加指责,最终伤了贝拉来的心。生活中,遭遇挫折时,别以为

第六章　不要感情用事

是别人和你过不去，更不该胡乱指责人。如果总把别人想得那么坏，然后心生愤恨，最终，好友也会变成陌路人。

每个人都希望过得幸福，但是，有人老往坏处想，所以不幸福。

李华丽工作能力很强，但性子急，和董明工作上一直合不来，她觉得董明做事我行我素，太霸道。为此，李华丽曾向公司老总朱江告过她的状。不过，董明竟然在不久后当上了新总裁。这下，李华丽觉得自己没有好果子吃了，指不定什么时候就会被董明搞得人仰马翻。一次，董明看见李华丽和几位中层领导正抢着吃零食，便厉声说："你们在办公室吃东西，是居家还是上班啊？每人罚款二百元，交财务部！"这时候，恰巧下班的铃声响了，李华丽说："您看这不是也快下班了吗……""快下班不是下班，上班就要执行纪律。"李华丽觉得董明是在报复自己，一气之下，一声不吭就辞职离开了公司。事后，她才听说董明本来还想提拔她的，可后悔已经没有用了。

董明做了公司总裁后，曾"冒犯"过她的李华丽便担心会遭到报复。李华丽违反公司规定，董明罚她本是应该的，可是她却往坏处想，以为董明针对她，便辞职走人，丢掉一个好职位，实在可惜。生活中，与人有嫌隙是难免的，但遇事时，应该坦诚相待，把事情讲清楚，解决双方矛盾，而不是对以往的隔阂念念不忘，那样纯属庸人自扰，自讨苦吃。

与人交往，千万不要总把别人往坏处想。否则，无形中便给自己树了"敌人"，让自己的交际之路越走越狭窄。

你也可以成为社交高手

有一种错误叫"晕轮效应"

　　普希金狂热地爱上了"莫斯科第一美人"娜塔丽娅,并且和她结了婚。虽然当时有好友劝普希金要好好考虑婚事,但普希金认为娜塔丽娅是莫斯科贵族冈察洛夫的女儿,她受到过良好的教育,还有非常好的见识、口才、仪态和气质。因此,普希金说:"一个漂亮的女人也必然有非凡的智慧和高贵的品格。"然而娜塔丽娅虽然容貌惊人,但与普希金志不同道不合。每次普希金把写好的诗读给她听时,她总是捂着耳朵说:"不要听!不要听!"相反,她总是要普希金陪她游乐,出席一些豪华的晚会、舞会,普希金为此丢下创作,弄得债台高筑,最后还为她决斗而死,一颗文学巨星就这样过早地陨落。

　　"晕轮效应"于20世纪20年代由美国心理学家爱德华·桑戴克提出,晕轮是一种当月亮被光环笼罩时产生的模糊不清的现象。爱德华认为,人对事物和人的认知和判断往往从局部出发,然后扩散而得出整体现象。就像晕轮一样,这些认知和判断常常都是以偏概全的。晕轮效应常表现在一个人对另一个人的最初印象决定其看法，而导致看不准对方的真实品质。现实中，人们对他人的认知判断往往过于片面，如果认知对象被标明是好的，他就会被"好"的光圈笼罩着，并被赋予一切好的品质；如果认知对象被标明是坏的，他就会被"坏"的光环笼罩着，他所有的品质都会被认为是坏的。正如日月的光辉，在云雾的作用下扩大到四周，形成一种光环作用。普希金这种识人方式其实就是一种晕轮效应的显现，最终导致他失去了生命。

庞统是刘备手下的重要谋士，与诸葛亮同拜为军师中郎将，他为刘备出谋划策，为蜀国的建立立下了汗马功劳。可就是这样一位能人志士，却也曾遭到过别人的拒绝。早年，庞统就与诸葛亮齐名，智慧过人，他也很有抱负，一心想在乱世中有一番作为。当时，庞统先是去拜见了孙权，希望辅佐孙权。但是，孙权见他"浓眉掀鼻、黑面短髯、形容古怪"，所以心里非常不喜欢。手下对孙权说，庞统跟诸葛亮齐名，主公应该好好待他。孙权则认为庞统这样面貌丑陋之人不会有什么才能，因而就没有任用他。庞统虽然长得丑陋，但能力超群，是个不可多得的人才。如果当初孙权留下庞统，会让吴国更强大。孙权悔之晚矣。

人们常说"情人眼里出西施""爱屋及乌""一好百好""一白遮百丑"，都是典型的晕轮效应。孙权以貌取人、先入为主，错失了庞统，这也是晕轮效应。晕轮效应所产生的认知偏见是一种明显的从已知推及未知，由片面看全面的认知现象，往往会歪曲一个人的形象，导致不正确的评价。哲人说，"不要相信第一眼的爱情"，我们在与别人交往的过程中，也要记住：不能凭第一印象就一锤定音，就把别人"一巴掌拍死"。

我们会看到这样的人：喜欢抓住人家的一点短处，推及其余，认为人家极端地、绝对地坏，"恨"屋及乌。而在交际中，就会把对一个人某些方面的厌恶、鄙视与痛恨，衍生到对方的所有方面。刘向在《说苑》中曾说：憎恨一个人，也会连带憎恨他的仆人、随从。这当然是错误的做法，现实生活中我们一定要杜绝。

小说《神雕侠侣》中，因为杨康贪图荣华富贵，干了不少坏事，黄蓉对他恨之入骨。杨康死后十几年，黄蓉和郭靖偶遇杨康的儿子杨过。郭靖立刻将杨过带回了桃花岛，并想把一身功夫传授给他。但是，黄蓉对杨过抱有成见，她认为杨康这种人的儿子也不会是善良之人。于是，她阻止了郭靖的提议，并谎称由自己来教杨过功夫。可是，黄蓉只是教杨过读书，却始终不肯教杨过一点功夫。她的理由是，她担心杨过会学坏。杨过为此感到很悲伤，最后不得不离开桃花岛，前往终南山学艺，从此开始了他悲苦而又传奇的一生。令黄蓉没有想到的是，杨过一生侠义为怀，从未做过什么坏事。黄蓉后来也为自己一直对杨过有偏见而深深地自责。

因为杨康是坏人的缘故，黄蓉就对他的儿子杨过抱有偏见，这样的观点是失之偏颇的。现实中，我们对一个人的认知和判断，不能只是从一个局部或者一个角度出发，然后扩展而得出整体印象，因为那是以偏概全，那是以点概面，那样做的结果，就是双眼和心智容易被自己的主观臆断所蒙蔽。我们应该真诚地对待别人，深入地了解别人，真正地看到对方的心灵，判断对方的人品。

我们在人际交往中应克服晕轮效应，不要以偏概全，不要凭一时主观印象行事。要相信人人都有优点和缺点，在交往中多了解对方，避免以点代面、以偏概全。这样，才会有利于我们的良好人际关系的建立。

感情用事，伤人伤己

一天下午放学，纪海老师看见自己的学生吕超和几个街头小混混打架。纪海赶紧把那些人驱散了，吕超觉得吃亏，还要追人家。纪海立马上去拽住他，等对方走远了才放开。后来，吕超回到家一脱衣服，身上露出一块淤青。他爸吕志连问他是怎么回事，吕超不敢说实话，反而说是和人打架时，被纪海老师抓住给掐的。吕志连一听就急了，孩子们打架不对，可你当老师的怎么还打自己的学生？当下，他就气势汹汹地跑到学校找班主任、找校长，说纪海帮学生打架，把他儿子吕超的身上掐紫了好几块。见到纪海后，更是直接抓起他的衣领，当众把他大骂一通，并声称要告纪海。纪海和吕志连在校长室坐下来，才把问题说清：吕超身上的伤都是被那几个小混混撕扯的，不光吕超，纪海身上也有这样的伤，但都无大碍。这下，吕志连真是羞愧得无地自容。

吕志连见儿子身上有伤，没问清情况，没甄别自己儿子说的话是否可信，便感情用事，风风火火地赶到学校兴师问罪，还当

第六章　不要感情用事

众谴责甚至辱骂纪海老师。可是，当事情明了后，才知道自己误会了人家。即使学校和纪海老师都能谅解这种不当行为，但吕志连在人前表现得如此没有理智，其损失总是不好弥补的。所以说，我们在遇事时，千万不要不分青红皂白，就想当然地处理事情，一旦判断失误，丢面子事小，要是犯下大错，就更是得不偿失了。

北宋时期，张逊在枢密院做知院，"一览众山小"，很是得意。而同朝为官的寇准，虽然表面上和自己和和气气，但常常因为政见不合，上奏事情多有矛盾。于是，张逊便对寇准竭力排斥，恨不得让皇上把他调走充军。一天，张逊遇一"刁民"正在路上给寇准跪拜，口呼"万岁"。第二天早朝，当着众君臣，张逊就把这件事抖出来了，说寇准在街上让子民呼他"万岁"，虽然寇准极力辩说子民只是当街乱用礼数，并无他意。但皇上怕他有二心，还是罢了他的官。这下，张逊总算如愿以偿。可是皇上离开寇准又想寇准，不到一年又把他请回来了。皇上对张逊说："你奏寇准有反心，他的反心在哪啊？你是唯恐天下不乱吧？"张逊吓得头如捣蒜，连说"不敢"，而心里更是犯嘀咕："是我冒坏把寇准赶走的，这又回来了，以后叫我怎么面对他啊？"

张逊和寇准政见有别，不是想方设法与之求同，共谋大业，而是感情用事，给寇准使绊子。小民对寇准跪呼"万岁"，张逊明知道是一件小事，无非就是粗鲁莽汉把礼数用错了地方而已，无须见怪。但他却借题发挥，诬告寇准造反，实在是小人之心，故意使坏。与人交往，难免会有不同意见或产生矛盾，这时候，应该积极弥补，存异求同，而不是感情用事，给人制造麻烦，最后只能自己"吃不了兜着走"。

  凭个人的爱憎或一时冲动处理事情，百分之百会给自己的交际带来不利影响。牢骚满腹显得缺教养；遇事冲动容易犯错误；爱耍心机只能毁前程。总之，感情用事伤感情，不但可能伤害别人，还会伤自己。

第七章

少一点功利心

非淡泊无以明志,非宁静无以致远。

——诸葛亮

你也可以成为社交高手

你怎样，他人就怎样

前段时间，我收到表弟的信。在信中他诉说了自己的种种苦恼，他说自从他发迹之后，以前的很多朋友都疏远他了，甚至还有几个人在背后说他坏话，以后要防着他们点。可我告诉他，与其防备别人，不如反省自己。你怎样，他人便怎样！

生活中，很多人会抱怨他人不够真诚，与人交往时，必须留个心眼儿，所谓"防人之心不可无"就是这个意思。可你有没有想过，当你开始防备他人时，你自己还有真诚待人的态度吗？每个人都抱着这种想法，人际间的交往还能有多少真诚可言？真诚地对待别人，别人也会以诚相待，人与人之间的交往才会更加和谐、顺畅。你怎样，别人便会怎样，想要获得他人真诚以待，你首先要做到真诚待人。抱着"防人之心"，只能换来别人的"防人之心"。而如果你真诚待人，别人即使一开始防备你，慢慢地也会被你的真诚打动，对你敞开心扉。

学者傅佩荣不仅学问渊博，而且口才出众，是一位演讲大师。

他曾受央视邀请,在《百家讲坛》主讲《孟子的智慧》,得到众多学者、观众的认同。然而,谁能想到,这样一个人,也曾有过口吃的经历。他小时候,因为口吃,不能流畅地表达看法,常常被人视为笑柄。可他并不恨那些嘲笑他的人,他觉得是因为自己有口吃的毛病,所以才会被嘲笑,与其与那些人争吵,不如努力改正自己的缺点,使别人的嘲笑无从出口。经过不懈的努力,他终于克服了口吃,并成为众人敬仰的演说家。谈起曾经被嘲笑的经历,傅佩荣说:"你有缺点,别人才会嘲笑你,与其整天提心吊胆地防着别人嘲笑你,不如努力地完善自己。正是因为有了当初不善表达的经历,我才更珍惜每一次可以说话的机会。"

生活中,有些人被嘲笑、被讽刺、被轻视甚至被伤害往往是因为他自身存在着这样那样的缺点。最简单的例子,容易被别人骗走钱财的人,往往是一些贪图小便宜的人。正如傅佩荣所说,我们与其每天小心翼翼地提防着别人的嘲笑、讽刺、轻视甚至是伤害,不如认真地改善自己,找到自己身上的缺点,努力改正,完善自身。

你怎样,他人便怎样。身边的人其实是你的一面镜子,他们对你的态度及所作所为,都是你的态度和行为在他们身上的反射。严格要求自己,不断提高自身的修养,多为他人考虑,别人也会对你更加信任和尊敬,你才能赢得更多人脉。

你也可以成为社交高手

不要怀着目的去交际

　　古时候有位诗人,外出游历天下,增长学识。有一日,他来到杭州,恰闻一位旧时好友在这里做高官,便想去拜访一下。随行的书童说:"人家现在已是地方要员,您去拜访,也应该备下重礼才好。"诗人说:"他虽位高权重,可我并不求他帮忙,昔日之时,我们常以诗文会友,今日只是朋友之会,备上几篇新作足矣。"到高官府上,却发现高朋满座,来者不是巨商大贾便是达官贵人。可这位高官唯独对诗人另眼相看,奉为上宾,还留宿多日,常常与其彻夜长谈、抵足而眠。一天,诗人不解地问:"你这里往来的人都比我有身份,何以对我如此看重?"高官说:"往来之人,皆是对我有所图,或是希望通过我的权力获得利益,或是通过我的名望抬高身份,只有兄台你是作为朋友来看我,而毫无所图。对我有所图者,一旦我失去了现在的地位便会离我而去,而对我无所图者才是我真正的朋友。"诗人感叹道:"能得到一位像你这样的朋友也是我的荣幸!"

第七章　少一点功利心

这位高官是十分清醒的，他很明白，那些有所图的人，都是怀着功利之心，出于某种利益需要而接近他的，一旦他失势便会离他而去，而只有像诗人这样的人，才会始终如一地把他当作朋友，无论是他得意时还是失意时，都真诚相待。因而他对那些怀有功利之心的人也只是表面上敷衍应酬，而对诗人却真心相待。

现在社会，很多人做事都讲究利益最大化，即使在人际交往中也选择那些能给自己带来最大利益的人交往。可是，人际交往贵乎以诚、贵乎以心，你怀着功利之心与人交往，如何能换得他人的诚，如何能换得他人的心？

我们常常说，"有心栽花花不开，无心插柳柳成荫"，如果你在交朋友之前怀着功利之心，只会结交那些对自己有用的人，而对那些"没用"的人弃之不顾，所交来的，大多也都是想利用你的人。"有心栽花"，以功利之心有选择地交往，只会使自己的交际面越来越窄；"无心插柳"，以诚挚之心广交朋友，你的人脉会越来越多，你遇到困难时帮助你的人也会越来越多。

对他人有所图，就会纠结于一己私利，一旦不能得到满足，便很容易心生怨言甚至是愤恨，不但会断绝与他人的交往，自己也会变得狭隘；而对他人无所图，才能更多地顾及大局和他人的利益，才能更多地理解他人，包容对方，自己也会变得宽容起来。而这种品质会也为你凝聚更多的人脉。

在人际交往中，你怀有功利之心吗？你是希望通过人际交往获取某种利益还是希望真心地交朋友？怀有功利之心的人，一切

你也可以成为社交高手

都以自己的利益为中心,会变得越来越自私狭隘,他身边的朋友也会越来越少;没有功利之心的人,会更多地为别人着想,自己也会变得更加宽容,他的交际之路也会越走越顺。

第七章　少一点功利心

后会无期还是后会有期？

　　陈明担任某领导的秘书，因为家人病重，他只好来到领导办公室请辞。因为正赶上单位年中过渡的繁忙时期，领导为难地说："小陈，能否忙完这两个月再辞，也算是帮帮你的老领导？"陈明只好连连道歉，说："对不住老领导，实在没法。其实我女友还在这个城市，如果不是迫不得已，我不会做这个决定。"领导一听，只好示意让他交接工作。陈明专门制作了一张领导的日常工作表交给同事，让同事按领导的习惯来工作。他还专程到领导办公室告别："后会有期！"几年后，陈明的家里发生了变故，他无奈地拨通了老领导的电话，老领导一听就知道是陈明，电话那头笑出声来："小陈，你的那句'后会有期'，还有你留下的那张工作表，我现在还记得呢！我觉得你是个实诚人，这个忙我帮。"

　　临走时，陈明制作了一张领导的日常工作表交给同事，希望自己的离开不会造成领导的困扰；告别时他说了一句"后会有期"，这些都让老领导觉得这个下属虽然要离开了，但是还在尽

你也可以成为社交高手

职尽责，让他感觉到曲终人不散，这自然打动了老领导的心。与人打交道，不要用权势、地位等功利地衡量别人。以真诚交往之心，结下纯粹的情谊，人走茶不凉，说不定将来还能后会有期。

1985年，苹果公司陷入经营困境，总经理和董事们便把这一失败归罪于董事长乔布斯。很快，乔布斯不得不辞职离开亲自创立的苹果公司。当他收拾文件从公司大楼走出时，很多下属因为可以不再受乔布斯的蛮横管理而幸灾乐祸，有一位下属杰克帮他拿着行李往外送。乔布斯回头问："以前我对公司的管理总是十分苛刻，对员工的制约也很强烈，甚至听不进你们的意见，难道你不讨厌我这个董事长吗？"杰克微笑着说："那些已经不重要了，以后我们再见面的时候，希望是私人朋友的关系，我们后会有期！"乔布斯眼睛瞬间湿润了。乔布斯和杰克也成了很好的朋友。十年后，乔布斯果然重返苹果，管理风格逐渐温和起来。在公司大会上，他说："请珍惜我们每次相聚的机会，即使要分开了，也请相信后会有期！"

乔布斯离开亲手创建的公司，众多下属冷眼旁观，当然有乔布斯管理较专制的原因。但是杰克却主动前去拿行李相送，还奉上临别赠言"后会有期"。对于一直特立独行又身处逆境的乔布斯而言，这一句温暖的话真可谓是意外馈赠，这无形中也增强了他重返苹果、反思管理风格的信心。与人交往，要本着一颗真诚的心，不管对方身份如何，不以利益作为交友的准则。一句"后会有期"中透露出的满是情谊，怎能不让人动容呢？

其实,"后会有期"中藏着深刻的交际之道,那就是不以权势、成败、利益等标准,对待人生中那些匆匆而过的朋友,而是用一颗真诚的心遵守彼此的承诺,哪怕是后会无期,也能相隔千里,彼此问候,延续彼此的友谊。

你也可以成为社交高手

"君子乐于为人解困"

　　欧阳修的父亲很早就去世了,他生活非常困窘,甚至无法解决温饱问题。当地有一位陈员外,得知本地有这么一个贫寒但喜爱读书的年轻人,便想请欧阳修到自己的庄上负责文书工作。他的妻子劝他说:"这样一个穷书生,能有什么前途,你帮他不会有任何回报的。"陈员外说:"我并不求什么回报,给他一份工作,对我并没有损失,却能帮助别人脱困。"后来,欧阳修经常在书房工作到很晚。陈员外有个非常顽劣的儿子,竟然在书房外读书习字。欧阳修发现后,对其悉心指导,最终使其成为喜欢读书、尊重师长的孩子。陈员外询问缘故,他的儿子说:"欧阳修可是本地的名人,能拜他为师,我感觉很自豪。"

　　巴金说:"君子乐于为人解困。"陈员外请欧阳修负责文书工作,是一种帮助别人的善意,并不求欧阳修的任何回报。正是因为他的这番帮助,才让欧阳修心生感激,意外地为陈员外教导儿子,还成就了自己的一番美名。交际中,要懂得对处于困境中的人施以援手，你对别人的帮助越多，就越会赢得更多人的感恩和敬重，别人才会帮你解围，帮助你解决大麻烦。

二战期间，亚当参加了英国远征非洲的部队，好朋友托付他帮助搜集行军中的所见所闻，然后邮回英国。有次激烈的战斗后，战士们原地休整，亚当却拖着疲惫的身体四处查看地形。同行的伙伴不解："现在不知道什么时候就死了，你怎么还有闲心欣赏风景？"亚当说："我有个朋友很喜欢研究非洲的地形，我要记录下这里的特征寄给他。"半个月后，亚当所在的部队被隆美尔所率领的军团截断了去路，英国军队顿时陷入了困境，统帅也一筹莫展。亚当突然想起来自己无意中发现的一条狭窄的山路，他把这件事告诉了统帅，竟然出奇地帮助部队逃脱包围圈，实现成功突围。

有人说："那些不愿帮助他人的人必将一事无成。"即使面临无法预测的战争，亚当仍然坚守承诺，有一颗成全朋友愿望的心。这种成全别人的行为，也帮助他熟悉了当地地形，最终让他帮助部队逃出生天，立下大功。生活中，一些人认为帮助别人只会让自己受累，却不懂帮助别人的同时，自己的能力也得到培养和提高。为别人解围其实也是帮自己解围，自己也受益。

生活中，不妨多对处于困境中的人加以帮助，可能对方也会在无形中帮助你取得更大的成功，还能让你赢得更多的赞赏和敬重，帮助别人即是帮助自己。

第八章

"糊涂"一点也无妨

有道难行不如醉,有口难言不如睡。先生醉卧此石间,万古无人知此意。

——苏轼

你也可以成为社交高手

不妨"糊涂"一些

清代书画家郑板桥游莱州云峰山时,在山间茅屋,为一儒雅老翁写了一幅字——"难得糊涂"。郑板桥的大笔一落,为人们的交际增添了一条座右铭,二百多年来历久弥新。交际中,想把所有事情都想得滴水不漏,做得圆圆满满,是难以做到的。所以,我们在与人交往时,适当"糊涂"些,常常会给自己的交际带来亮色。

对流言蜚语"糊涂"些

流言蜚语是背地里污蔑他人的没有根据的话,你就不能对它太认真。对流言蜚语"糊涂"些,不听信不传播,既是一种人格修养,又是一种交际策略。对流言蜚语见风就是雨,参与其中推波助澜,那可能就要惹麻烦了。

两个月前,宁馨从乡税务所调到地税局办公室去了,所里的

第八章 "糊涂"一点也无妨

同事好生羡慕。特别是安兰兰,眼热极了。一时间,宁馨的升迁,成了大家的热议话题,其中不乏飞短流长。而安兰兰却偏偏对流言蜚语感兴趣,因而积累了好多有关宁馨的"事迹"。

一次参加税务联查,休息时,一位老同学和安兰兰提起宁馨工作调动的事,安兰兰的话匣子一下就打开了,她说:"你认识办公室高主任吧?他是宁馨的同学,又是她的初恋情人,为了把宁馨调上来,高主任给她出了好多主意呢。"接着,安兰兰就把宁馨怎么托人,怎么送礼,又怎么跟高主任套近乎,都像煞有介事地和这位老同学说了。哪晓得,这位老同学竟是高主任的小姨子,她的这番话招来一场"罗圈儿架"。最后水落石出,安兰兰不得不挨个向人道歉。

安兰兰做了流言蜚语的传声筒,给自己找了这么大麻烦,多不值得啊!

宁馨调了工作,为了探求内情,人们便凭空乱猜,结果流言蜚语便出来了。面对这些毫无根据的话语,应糊里糊涂地听完拉倒,实在认真不得。像安兰兰那样,在流言蜚语上晃荡个没完,无疑是自寻烦恼。"流言止于智者",如果我们对流言蜚语都"糊涂"一点,它也就没有市场了。

对别人的抱不平"糊涂"些

有人为你抱不平,有时你也该糊涂些。生活中有不如意,便

你也可以成为社交高手

可能会有人为你抱不平。但这种抱不平一般只是出于义气、出于礼貌，说说而已，或者是对方以此向你表示友好、表示亲近，你对对方的话过于认真，甚至把对方当成自己的后盾就不合适了。

这个学期，刘娜在调研考试中得了市级教学优胜奖，再加上平时的获奖论文，她觉得年终评优秀没问题了。可是，校长在会上当着一百多位教师的面公布的优秀名单里，竟没有刘娜的名字，这不禁让她大失所望。坐刘娜旁边的一位女老师小声地对刘娜说："娜姐，错了吧？优秀奖怎么没有你呀？你有市级教学优胜奖，还有获奖论文，优秀没有你也太不公平了吧？"刘娜嫌她话太多，就示意让她小声点。可那位老师还是对刘娜说："你教的数学在全校考第一，平均分最高，优秀率超过了百分之九十，就该得优秀奖。"刘娜听了，也觉得自己太亏了，散了会，就风风火火地找校长"算账"去了。可还不到十分钟，刘娜就逃也似的回来了。原来学校对老师的考核打分十分严格，根本就没有理由质疑。

校长公布的优秀名单上没有刘娜，其他女老师就在一旁抱不平，如果刘娜对女老师的这些体贴和肯定"糊涂"些，就当是耳边风，没有那么强烈的反应，理性地处理问题，就不会有后来的尴尬了。所以，当有人为你抱不平时，不见得真的就有不平，你只要略显领情就可以了，没必要那么认真。

第八章 "糊涂"一点也无妨

对别人的小脾气"糊涂"些

有人对你耍小脾气并不完全是坏事,有时候恰恰说明你在对方心目中有一定的地位。对方若是对你在乎,且有一定的心理依赖,稍不如意就可能拿你当出气筒。面对对方的小脾气,你如果不把自己放"糊涂"些,针尖对麦芒地与对方硬拼,使对方的情感依赖落空,你们的关系就该出现危机了。

王新的老婆周六加了半天班,还和同事闹了别扭,很是郁闷。中午到家一看王新没事人似的在家正玩电脑呢,就嚷开了:"我说你是呆了、傻了、脑瓜子进水了,还是吃错药了?床不叠,地不拖,饭也不做,就这么混日子是吧?"老婆本打算让王新服软,好好哄哄自己,可没想到王新不明就里,反而说她:"没人招没人惹的就乱咬人,你是疯狗啊?"激得老婆又哭又闹撒开了泼,王新对老婆更是疾言厉色,老婆越来越气,叫喊着要和他离婚。王新说:"离就离,谁怕谁呀?买房子时你妈就出两千块钱,要离你先滚,这个家是我的。"老婆见王新也太绝情了,心一横,脚一跺,把门砰地一摔,真的回娘家了。

王新回过神来可傻眼了,一个星期接了好几趟,好话说了一大车也没把老婆接回来,他真是烦死了。

老婆加班,又与同事闹了别扭,心里自然郁闷,到家便对王新没好气。她觉得老公最亲近也最可依赖,所以才对王新肆意发泄。王新对老婆耍小脾气实在不该当真,退一步哄哄她,老婆也就心满意足了,不会跑回娘家不回来。对老婆的不良情绪"糊涂"一点,给老婆留出发泄的空间,夫妻关系才会更和谐。

  郑板桥也知道"糊涂"的不易,所以加注曰:"聪明难,糊涂难,由聪明而转入糊涂更难。""糊涂"是一种人生境界,是人屡经世事沧桑后的成熟和从容,更是人际交往中,大彻大悟之后的淡泊与宁静。对待流言蜚语保持"糊涂",生活中你会少许多烦恼。有人出于礼貌或尊重称赞你的优点,为你打抱不平,你该"糊涂"地应对,不翘尾巴,就不会被冲昏头脑。与你比较亲近的人,不拿你当外人,他们耍"小脾气"你便装糊涂,大度宽容,你们之间的关系方能融洽。

第八章 "糊涂"一点也无妨

人不至察朋友多

如果下雨天路滑你不小心掉进了一个坑里,爬不出去,又冷又饿。此时有个人路过,你求他救你出去,可他却害怕自己也掉进去,不敢拉你。但他给你送来食物和衣服,还帮你报警求救。这时你会怎么想呢?是会想:这个人,只顾自己的安危,眼看着我在坑里却不肯拉,太冷漠了!抱着这样的想法,获救后,你不会对对方心怀感恩,反而会怨恨他。相反,如果你的想法是:我和人家非亲非故,人家还费心费力地给我送食物和报警,真是个好心人。抱着这样的想法,你对那个路人肯定会满心感激!而你的感激也更容易赢得对方的友情。

古语云:"人至察则无徒。"意思是说精明的人往往容不下别人小小的过错或者差异,因而没有朋友。就像我们假设的这个例子中,人家帮了你,你却因为人家没有当即把你拉出来就斤斤计较,怎么能交到朋友呢?能遇到见义勇为、舍己救人的人当然最好,可生活中能达到这种境界的人有多少呢?所以,不要"至察"，指望着别人做的事十分完美，更不要指望能交到完美的朋友。而应该做一个"不至察"的人，即使对方做的事不符合你的心意，甚至有缺点、有错误，只要不涉及原则就不要斤斤计较，这样你才能交到更多的朋友。

生活中，谁都难免会发脾气，难免会犯这样那样的错误。如果我们眼光"毒辣"，别人有一点错误就看在眼里、记在心上，那么慢慢地，我们的心里会累积对对方的恶感，很可能就会失去这个朋友。如果我们"不至察"，一些小事发生后就忘了，不会求全责备。不但彰显了你的大度，为你赢得了朋友，也能使你少生不必要的闲气，生活得更阳光、快乐。

李鸿章的哥哥李瀚章年轻的时候官虽然不大，但架子一向很大，很多人都因此不喜欢他。有一次，他以知县的身份去晋见湖广总督裕泰。行礼后，李瀚章就大大咧咧地坐在裕泰旁的椅子上，丝毫没有下官见到上司的紧张和拘束。这令裕泰身边的人很恼火，他们对裕泰说："这个小小的知县，太不懂事了，把他赶出去吧。"裕泰说："不懂事又何妨。我要的不是'懂事'的官，是有才能的官。这人职位虽小，但见到上官也不紧张，有这份气度和自信，他将来的成就必然不下于我。"果然，后来李瀚章做到了总督的位置。即使官位上升了，他对裕泰却一直很尊敬。

既要别人有才华、有本事，还要求别人"懂事"，会溜须拍马，你的要求是不是太多了呢？你要的只是一个能干事的下属，又何必盯着人家的一点小缺点不放呢？裕泰不要求完美，反而得到了真正有能力的下属。

有些人在生活中交不到朋友,就是因为他们"至察",总是能发现别人的缺点。如果你期望交一个没有缺点的朋友,那你一辈子也不会有朋友。相反,如果你觉得一个人只要本质上是好的就可以交,而对他的缺点视而不见,那么你就会发现身边可交的人实在是太多了。

我们经常说要严于律己、宽以待人,所谓"不至察",其实就是要宽以待人,用更加宽容的态度去看待对方,用更加委婉的方式去包容对方。这不仅是善待别人,也是在修炼自身的品质。这样你的胸怀会越来越宽广,你的朋友自然也会越来越多。

你也可以成为社交高手

别耍"小聪明"

周末,赵强和葛伟在楼下华兴超市旁边的饭店吃饭。眼看饭菜即将吃完,赵强"灵机一动",说:"葛伟,要不给陈华打个电话,让他来吃饭?也让他知道咱们兄弟在惦记着他。"葛伟为难地说:"不是诚心地邀请,这样叫他不太好吧?"赵强微笑着,打通了电话,问:"陈华,你在哪里呢?"对方回答:"我在外面买点东西。"赵强说:"你看你看,我们在咱们楼下,准备请你吃饭呢,现在就差你了。真可惜。"陈华回答:"你们在哪里?我在华兴超市,我马上赶过去。"赵强一愣,怕他真的会过来,只好说:"下次吧,有点远,以后有的是机会。"挂掉电话后,赵强一脸难堪。葛伟觉得他不可深交,慢慢地疏远了他。

为了在陈华面前显示自己在乎朋友,赵强便不顾饭菜已经吃完的事实,耍起了"小聪明"。他先确定对方的位置,当对方透露在外面的时候,他才提出请对方吃饭。没想到陈华正巧在附近,这让他十分尴尬。陈华如果知道了事实真相,会如何看待赵强这

第八章 "糊涂"一点也无妨

个朋友呢？与人交往，千万不要动小心思、歪脑筋，否则别人也不会真诚地对待你。

公司接待了一个重要客户，需精心制作一个企划方案。策划部经理让陈兰和赵莉莉到办公室听候命令。根据以往的惯例，大家分工合作，如果选择搜集和整理资料就可以不用操刀弄复杂的文案。陈兰抢先一步向领导请命："经理，我来负责搜集相关资料，客户和赵莉莉需要什么资料随时和我讲就可以了。"经理点头同意。赵莉莉把客户的要求整理好，递交到经理手中后，经理迟疑了片刻，说："为了全力打造一个精品方案，这次我决定让你们俩同时完成，你们俩各写一份方案，然后我们择优选用。"一听这话，陈兰顿时蒙了。

为客户制作活动方案，按照领导的要求本应该是分工合作，共同完成。然后陈兰依据以往的经验，动了小心思，主动要求搜集和整理资料，从而避免弄更加复杂的文案。表面上看，她主动积极工作，实际上是一种避重就轻的推责行为。巧合的是，经理再三考虑后，让她们二人各写一份方案。陈兰的"小聪明"不仅没有避免繁杂的工作，而且给领导和同事留下一个不好的印象。这样喜欢耍小聪明的同事，怎能赢得同事的赞赏和领导的信任呢？

慧子是某政府单位的内刊校对，负责对照原稿修改标点、错别字。她干得劲头足，科长也非常满意。忽然有一回，慧子感觉自己还能做得更好，手一痒，就在大领导某篇稿子的末尾续了几句。越看她越觉得这是"貂尾续貂"的艺术，肯定能带给大家惊喜。那段时间，慧子逢人便说单位要升她职，来回请朋友几回了，结果还是竹篮打水一场空。朋友再三追问，才知道其中的原委。科长也没留神，刊物就印出来了。"喜"没见着，"惊"是来了，她挨了科长一顿狂批："谁让你加的，比领导还聪明是吧？行了，什么都别惦记了，继续原岗位待着锻炼吧！"

每个人都有自己的角色，需要完成自己那份工作，这便是最基本的职责。慧子本负责内刊校对，她超出职权范围，校对时在大领导的某篇稿子后面加上了几句话，她想由此展现自己的文字水平，获得领导的赞赏，可结果恰恰相反，这种动小心思的行为必然受到领导的批评。领导怎么敢用一个擅自做主张的下属呢？与人交往，切记不要越出自己的范围，为别人做决定，这种行为，不仅不会赢得赞赏反而惹人厌恶。

耿辉住在单位的集体宿舍里，他搬进去住的时候，宿舍里并没有其他同事住。他收拾完行李，准备把衣服放到宿舍的衣柜里，他发现其中有两个衣柜紧锁着。有一天，他回到宿舍的时候，有一个单位同事和一个陌生人正在宿舍内说话。同事告诉耿辉："这个是之前的同事，以前在这里住，他有些行李在这里，现在来取了。"双方打过招呼后，耿辉看见对方正在尝试用钥匙打开那两个紧锁着的衣柜。"怎么打不开，我记得是这个钥匙啊，是不是有人动过？"对方很疑惑。耿辉无奈地说："我来了之后，就一直锁着。"对方又试了几把钥匙，终于打开了，原来是一些衣服。这个

第八章 "糊涂"一点也无妨

之前的同事一连串的言行，给耿辉一个非常差的印象。

辞职离开后，固然人情在，可以暂时存放一些物品。但这位之前的同事把物品放进两个衣柜里，紧锁后带走了钥匙，以防别人乱动。或许他认为公司默许这种行为，他便理所当然地把单位当作免费的寄存处。这样的做法，让别人清楚地看见他的自私自利。当他拿着钥匙打不开衣柜时，还质疑别人是否动过他的物品。这种自私自利的小心思，最好不要有。

遇到事情耍小聪明、动小心思，一心为自己谋利，是道德缺失、没有修养的体现。与人交往中，千万不要这样，不然只会丧失和透支别人对你的信任。真正的强者，无论何时何地，都会以真诚待人，而不是耍一些小机灵。

第九章

自知自爱

懂得自爱,才能得到他人的友谊。

——托·富勒

脸可以"厚",但心不能"黑"

乾隆年间,有个叫巴延三的人写文办事的能力很差,虽然在军机处,却从未起草过一篇公文。一天夜里,军机处只有巴延三值班,乾隆皇帝命他立即起草一篇紧急的军事诏令。可巴延三一紧张,竟连诏令的内容都没记清楚。这时,他悄悄地把一直侍奉在乾隆身边的小太监叫出来,俯首贴面地向他请教诏令的内容。这小太监虽满腹才华,却因为身份低微,从未受过如此礼遇,感激不已,帮他写了诏令。乾隆一看大加赞赏,而此时巴延三早把小太监抛之脑后,声称这是自己写的。不久,乾隆便封他为两广总督。可他并无真才实学,到任后,政绩很差。乾隆一查,才知道了真相,便罢了他的官。

巴延三"脸厚",以军机要员之高位,对一个小太监俯首贴面,因而令小太监感激不已,帮他渡过难关;他"心黑",过河拆桥,昧着良心独占功劳,虽然一时登上高位,但最终他却被罢官,由此可见,与人交往,脸皮不妨厚一些,而心却不能黑。厚而不黑，方是交际大智慧。

　　留学生王娜勤工俭学，到一位法国老太太家里做保姆。老太太的邻居告诉她，这个老太太极其挑剔，已经有十几位保姆因为无法忍受她而辞职了，王娜只是微微一笑。几个月后，王娜与老太太相处得越来越融洽。这位邻居不解，问："你是怎么和她相处的？"王娜笑着说："她确实很挑剔，刚来的时候，她经常批评我这里不对，那里不对。有一次，我用手直接帮她取了一块蛋糕，她突然大怒，斥责我没有教养，说应该把糕点放在碟子上给她。当时，我眼泪差点儿下来了，真的想辞职。但事后，我觉得，用手直接取食物给她，的确不太妥当。那件事后，我就反思，是不是因为我做得不够好，所以她才挑剔呢？在以后的日子，她挑剔我便改正，渐渐地我们关系就融洽了。其实老太太并不是苛刻，只是她对自己和别人的要求都严格一些。"邻居听后对王娜佩服不已。

　　别人天天挑剔甚至是指责，"心黑"者会恶意揣度，因而会心生怨恨，对别人更加厌恶，两人之间的矛盾也会不断激化。但王娜不是这样，她从不认为老太太是刻意为难她，反而客观地看到了老太太对人对己的严格要求。因而她甘做一个"脸厚"的人，不生气、不退缩，在挑剔中不断完善自己，并与老太太相处得越来越融洽。当面对别人的挑剔时，不要"脸皮薄"，承受不住，或者对别人怒目相向，而应该以诚挚的心和不怕损失面子的态度对待挑剔，这样你才能完善自己，也才能赢得别人的认可。

你也可以成为社交高手

于晓丽入职不久便大放异彩,甚至抢了原本在单位被称为"首席策划"的王枫的风头。因而,王枫便处处排挤为难她。一次开会,于晓丽的方案得到了一致好评,可王枫却抓住其中一个小细节的疏漏,大做文章,指责于晓丽。大家都觉得于晓丽和王枫的梁子算是结下了。可出人意料的是,开完会后,于晓丽竟主动找到王枫,说:"谢谢你呀,要不是你,我还发现不了那个疏漏。"王枫尴尬地笑笑。后来,于晓丽再做方案,都会向王枫请教:"王姐,您是公司的前辈,水平比我高,抽点时间帮我提提意见吧!"一开始王枫还不冷不热,可后来她看到于晓丽很诚恳,便帮忙提意见。二人的关系由此越来越好。后来,部门主任空缺,王枫力挺于晓丽,她说:"虽然在业务水平上我们不相上下,但在为人处世的胸怀上,我比不上她!"

在"心黑"者看来,别人刻意排挤,那就是自己的敌人,应该无情地打击报复,而不是委曲求全。于晓丽不但不反击,反而以真诚的心,把对方当作好同事、好朋友来相处;别人冷漠相对,她更没有因为害怕丢面子就后退,而是放低姿态,主动求教,最终赢得了王枫由衷的认可和友谊。心不黑,才不会把别人都当成敌人,才不会想要打击别人而成就自己;脸厚,才能放下架子和面子,低姿态与人交往,最终赢得别人的情谊。

赛琳娜的儿子得了重病,无钱救治。她向一位记者求助,并谎称自己的孩子得了绝症,需要一笔天文数字的医疗费用。记者将她的故事刊登在了报纸上,无数捐款汇到了赛琳娜的账户。

第九章　自知自爱

然而不久后，赛琳娜却向记者坦白了真相，并在报纸上发表了一篇文章：《对不起，我撒谎了》，她说："我的儿子患的不是绝症，只是比较严重的骨骼病，需要的治疗费用也不是天文数字，只是高于我的承受能力而已。鉴于这个原因，我将把收到的所有捐助全部奉还。我知道，坦白真相，我的后半生可能要在人们唾弃和鄙夷的目光中度过，但如果不坦白，我和我的儿子都将在良心的煎熬中生活！"然而出人意料的是，人们并没有因此而责备赛琳娜，反而被她的坦诚所感动，很多人伸出援手，表示愿意帮助她治疗孩子的病。

"心黑"者，心中只有自己，因而他们不会因欺骗而感到愧疚，但你能骗得了别人多久？这样的人，最终会被人唾弃。而心不黑的人，他们始终会坚守自己的良心，犯了错误，或者说了谎话，即使只是出于使自己良心安宁的目的也会坦白出来。而为了自己良心的安宁，他们甚至愿意面对别人的指责和怨恨，做一个"脸厚"的人。可是，面对真诚地承认错误的人，谁会忍心责备他们？反而会谅解他们。

所谓"厚而不黑"的交际智慧，本质上讲，就是在内在上，坚持自己的良心和底线；而在外在上，不要太注重面子，而应多关注别人的感受。如此，你能赢得更广阔的人脉。

你也可以成为社交高手

人贵有自知之明

　　国际米兰前球星斯坦科维奇退役不久,就获邀出任塞尔维亚足协主席,不过出人意料的是,斯坦科维奇拒绝了。有记者采访他:"以普拉蒂尼为代表的一批足坛名宿都成了足坛政客,你为什么拒绝?"斯坦科维奇答道:"我的确接到了这份邀请。普拉蒂尼善于管理,积极推动足球事业的发展,是个很好的主席。但有些人适合担任足坛政客,有些人则未必适合。就像爱因斯坦不敢当总统一样,我也不敢去担任一个如此重要的职务。至少我觉得现在这个时候,我还没有做好足够的准备。"舆论一致认为斯坦科维奇是个有自知之明的人,值得大家敬佩。

　　读者朋友们,现实生活中有很多人做人做事总是自以为是,没有半点自知之明,结果遭人鄙夷和唾弃;而有些人就很有自知之明,懂得客观公正地看待自己,结果受人敬重。可见"人贵自知"这四个字,是金玉良言。一个有自知之明的人,不在于他能够评价别人,而在于能够正确地评价自己,只有真正了解自己的长处和短处，避己所短，扬己所长，才能对自己的人生坐标进行准确定位。正如哲人所说，当你真正认识自己之时，也就是你进步的开始。

新学期，语文老师决定选一位语文课代表。语文老师对新学生不是很了解，只知道胡夏和王晓鸥两位同学作文写得特别好。于是，语文老师定下规矩，谁下个月的作文写得多，谁就是语文课代表。平常，王晓鸥写作文一直比较得心应手。但在这一个月里，胡夏却多写出了好几篇作文。同学向胡夏表示祝贺，老师也对他进行了表扬。但是胡夏却不以为然，他还对老师说："我这个月的作文的确写得多，但这不能代表什么。我主要是时间比较充足，刚好又有素材，所以写得多一点。要论文章的质量，王晓鸥比我厉害得多。因此，我觉得他比我更适合当语文课代表。"老师听后，高兴地说："也许你的作文不是最好，但你有这种认识就很好了。我决定了，你们两个都是语文课代表。"

有自知之明的人，不会只看到别人的缺点，却看不到自己的缺点。胡夏对自己有着清醒的认识，向老师表明自己不如王晓鸥，这样的自知之明，也让人看到了他谦虚、低调的品质。一个人，要真正地了解自我，就必须换一个角度看自己。要客观地审视自己，跳出自我，观照自身，如同照镜子，不但看正面，也要看反面；不但要看到自身的亮点，更要觉察自身的瑕疵。切忌孤芳自赏、妄自尊大。其次，要不断完善自我，有则改之，无则加勉。

由姜伟编剧并导演的谍战剧《潜伏》，在全国热播后，口碑

你也可以成为社交高手

和收视双丰收，该剧还获得了第十五届上海电视节和第二十七届电视剧"飞天奖"的多项重要奖项。无数观众更是表示期待《潜伏》尽快出续集。对此，姜伟在接受采访时却表示："其实现在有很多人找我拍《潜伏》的续集，但是我的想法很坚定，坚决不拍续集。观众会喜欢《潜伏》，不代表就会喜欢《潜伏》的续集，正如我能把《潜伏》拍好，不代表我能把《潜伏》的续集拍好。虽然这个剧得到了很多人的肯定，但我觉得故事已经讲得很完整了，没有必要再拍什么续集，而且我也不认为自己还能在这个故事基础上讲出好的东西出来。既然如此，我又何必还勉强自己甚至可能还要勉强别人呢？"很多人表示姜伟拥有一颗清醒的头脑，他的成功离不开他的智慧。

人在一片赞扬声里一定要保持清醒的头脑，要有自知之明，才不至于迷失方向。所谓："自高必危，自满必溢。"成就大，就居功自傲，名声高，即自以为是，这样的人，就会让人看不起。人生如秤：对自己的评价称轻了容易自卑；称重了又容易自大；只有称准了，才能实事求是、恰如其分地感知自我，完善自我，对自己了然于心，知道自己能吃几碗干饭，有几许价值。

国学大师任继愈治学严谨，一生著述颇丰。虽然取得过非常大的成就，但他为人十分谦逊低调。到了晚年，有一个出版商来找他，希望给他出一套全集，以便大家对他的思想和生活有个更为全面的认识，并且还许以丰厚报酬。但是令所有人都感到意外的是，任继愈毫不犹豫地拒绝了这一个合作要求。出版商以为他

第九章　自知自爱

不满意报酬，于是急忙提高了标准。但是任继愈却解释说："这不关稿酬标准的事。不出全集，是因为我自己从来不看别人的全集。即便是大家之作，除了少数专门的研究者，其他人哪能都看遍？所以，我想，我的全集也不会有人看。不出全集，免得浪费财力、物力，耽误人家的时间。"此后，任继愈也一直都坚守着"不出全集"这个规矩。而这并没有影响他在世人面前的声誉，反而赢得更多人的尊重。

有自知之明的人，看待问题不会只知其一，不知其二。而有些人，常常会抓住自己身上的一点，不顾其他方面，最终还是不能客观地认识自己。"好说己长便是短，自知己短便是长。""自知无知才求知"，因为自知度愈高，求知欲愈强。学然后知不足，知然后更求知。而一个像任继愈一样如此自知的人，谁会不敬重不佩服呢？谁会不愿意跟你交往呢？

常言道："人贵有自知之明。"把人的自知称之为"可贵"，可见人是多么不容易自知；把自知称之为"明"，又可见自知是一个人智慧的体现。人不自知，正如"目不见睫"——人的眼睛可以看见百步以外的东西，却看不见自己的睫毛。只有具有自知之明，才会更受大家的欢迎。

远离损害你的朋友

现实中，相信每个人身边都会有那么几个"毒友"——你与他们交往，他们却会有意无意地伤害你。如何摆脱"毒友"带来的困扰？我们可以静下心来，定期好好地盘点清理一下自己的朋友圈子，让这些"毒友"没有机会伤害我们。

心理学家通过研究认为"毒友"主要分以下几种类型：

肆意贬损型

朱岭这个人比较老实，所以身边的人平日里会开她的玩笑，她也会成为别人的笑料，不过朱岭也不会当一回事。但有一个叫李可可的朋友，却总是开玩笑过度，什么玩笑都乱开，根本不顾朱岭的感受。而且因为朱岭的随和不计较，李可可变得越发过分，最后简直就是以贬损朱岭为乐。比如，有一天，几个朋友一起吃饭，李可可说："朱岭你这姓真好，我觉得你就是一头猪，多可

第九章 自知自爱

爱啊……朱岭你胖得像猪一样,还吃饭啊……朱岭怎么都不吃肉了?哎哟我忘了,猪比较喜欢吃菜……朱岭你真是一头猪啊,这么好的菜你都不吃……朱岭你真是比猪还笨啊,打个包你还把筷子弄掉了……"朱岭觉得自己受够了李可可,以后再也不跟她一起出去玩了。

因为朱岭脾气好,李可可就肆意拿她开玩笑,而且没完没了,越来越过分。李可可这种做法,是不懂得尊重朋友,自以为是地觉得怎么说朋友都可以,但是她从来不会想如果自己被这样贬损会是什么心情。这样的人,一点分寸也没有,不是真正的朋友。在现实当中,如果你的朋友一直热衷于贬损你,没有底线地对你进行嘲笑、挖苦、讽刺等,那么就毫不犹豫地离开他吧,你没有理由被他损害。

自私自利型

宋飞最近每天都加班加点的,一回到家就想早点睡觉。可是,他刚睡到一半,就被洪太男的电话叫醒了。洪太男新近开了一家棋牌室,为了招揽顾客,他特意让宋飞等几个好朋友来玩,以营造店里生意好的景象。刚开始的两天,宋飞忍着疲劳和困意,跟大家玩到晚上很晚才回家。但是他白天的工作实在太累了,所以后来几天宋飞来棋牌室玩的时候,就说自己比较累,需要早点回家休息。但是洪太男却说:"咱们都几年的感情了,让你帮我几天，你还婆婆妈妈的，真没有意思。你再累，也得帮帮我啊。"宋飞觉得很尴尬，他不是不想帮洪太男，而是自己确实受不了。洪太男不让宋飞回去，宋飞也没有办法。后来宋飞因为睡眠不足，工作上出现了一个重大错误，受到严重处分。宋飞意识到，洪太男这样的朋友不能交。

能够帮助朋友的事，相信大家都会尽量去做的，宋飞也不是不想帮助洪太男，只是他自己也因为工作劳累需要休息啊。然而洪太男不但不理解，还以友谊的名义进行要挟，不顾别人，逼着别人迁就，明知第二天一早朋友需要上班，还逼别人熬到深夜。这样的人，真是自私自利。朋友有事，我们可以提供力所能及的帮助，但也要让对方知道你也是一个有底线的人，不能没有度，该拒绝的时候记得拒绝。如果对方还是纠缠不放，那这种人就不值得你继续交往了。

牢骚满腹型

每次和赵亮见面，杨春都很不舒服，因为赵亮总是牢骚满腹，抱怨生活中自己遇到的种种不愉快。他在工作中一直得不到提升，便说："我都做了这么久了，领导还不给我升职，太让人失望……"过了很久赵亮终于因为工作突出而升了职，又嫌弃职位不高，工资不高。后来，他又因为与上级有矛盾，而被降职了，他又说："竟然如此无情，真是令人绝望……"杨春后来终于再也不去找他了，因为他实在不想成为朋友的情感"垃圾桶"。

生活里，我们经常会遇到赵亮这种朋友，他们会经常向你抱怨自己的不开心或是发泄一些不良情绪，让你的情绪也受到影响。当然了，对生活、工作谁都会有很多不满，请朋友分担本无可厚非，但总是将这种悲观情绪传递给朋友，朋友也会受到伤害，这就让人反感了。遇到这样的朋友，我们应该理性地提醒他，如果放之任之，他们根本就意识不到自己行为不妥。如果你跟他们说明了，他们却根本不当一回事儿，那你就趁早远离吧。

"狗头军师"型

李青是一家公司的文员，工作非常勤奋，老板很看重他，有心培养他，所以让他在工作之余，也去各个部门帮帮忙，多学一些东西。于是，李青一有时间就去跟着推销员到处跑业务，跟着宣传员做公司宣传，跟着产品检查员验收产品，跟着网络人员学网站建设……李青不分白天黑夜地做这个做那个，忙得不亦乐乎。这天，同事宋明却带着几分不屑的口气说道："你一个文员，学什么网站建设啊？我看你也真是的，领导让你干什么，你就干什么，领导无非就是想让你多干点事，你还当领导真的想培养你啊。我说你别傻了，别学什么推销啊、宣传啊、检验啊什么的，我告诉你，你安心把自己的工作做好就成了。把自己搞得那么累，有啥用啊？"李青知道宋明这个人在打击自己的积极性，阻碍自己的进步，不值得深交，以后就慢慢疏远了。

领导让李青多干一些工作，多学习一些业务知识，对于他来说，是一件好事。但是，宋明不知道是嫉贤妒能还是头脑简单，不知道是有意的还是无意的，竟然跟李青说丧气话，如果李青不懂得辨明是非对错，真的听宋明的话了，就不会再积极要求进步了。在生活中，我们难免需要听取别人的意见和建议，有些朋友就像"狗头军师"，心怀叵测地给你出一些馊主意，这种朋友，我们应该远远地避开，否则，最后受伤害的是你。

每个人都需要朋友，每个人都希望多些"良友"少些"毒友"。遇到"毒友"，就清理了吧！另外，我们也要不断反省自身，千万别让自己也成了别人眼中的"毒友"。

第九章　自知自爱

面对宽容，要三思

宽容是一种美德，每个人都应该懂得宽容待人，这样才能使自己的人际关系更和谐。但是，当别人对我们宽容的时候，我们却不能理所当然地接受，而应该"三思"！

一思：我们是否值得别人宽容？

明朝的时候，有个叫天宝的年轻人整天花天酒地，败光祖产，差点儿冻死在街头。这时，王员外正好路过，不禁起了怜爱之心，便命家人救醒天宝，并把他留在身边，做女儿腊梅的先生。腊梅长得如花似玉，时间一长，天宝不禁犯了老毛病，对腊梅动手动脚。王员外知晓后，便写了一封信，对天宝说："我有一个表兄，住在苏州一孔桥边，烦你到苏州把这封信送给他。"

谁知到苏州，到处都是孔桥，天宝找了半个多月，也没找到王员外的表兄，无奈，他打开信一瞧，只见信上写着："一孔桥边并无表兄，这只是对你的小小惩戒。若你能真心悔改，可仍回到我身边。"看完信后，天宝十分感动，他想：员外大度，不计旧恶，但我品行如此恶劣，又有什么面目回到员外身边。于是，他留在苏州，白天帮人家干活，晚上挑灯夜读，一边增长学识，一边磨砺品性，终于改正了缺点，还考中了举人。此时，他星夜兼程，回去向王员外请罪，员外也被他感动，与他成为至交好友。

员外宽容了天宝，允许他回去，可是天宝却反思，我的品行真的值得员外宽容吗？员外大度，可我不能再以这样的面貌回去见他，于是他苦读诗书，磨砺品性，终于改正了自己的缺点，此时才去回报员外，也最终赢得了员外的敬意。别人宽容地对待我们，只是因为别人大度，心胸开阔，不计小恶，但这并等于说我们的"恶"就不存在了，所以我们要反思一下，我们的"恶"真的值得别人宽容吗？如果不改正这个缺点，别人可以宽容你一次，却很难长久地容忍你。

二思：别人宽容了我们，我们就可以放纵自己吗？

看过一个小故事，说某国的领导人与一群盟友喝酒，然后，已经有些酒劲的他自己驾车回家。就在行驶不到一公里路程时，他突然想起自己上任后不久颁布的一项法令：对于酒后驾车的公职人员，除吊销驾照半年外，还要接受去砖厂做苦力的处罚。自己作为一国领导人，又怎能违反这一法令呢？于是，他立即给交管部门打电话，举报了自己酒后驾车的违法行为。

两名警察赶到后，说："您确实酒后驾驶，但行驶的路程很短，况且没有造成任何后果，就让我们驾车送您回家吧。"领导人马上严肃地说："我作为一国领导人，怎么能知法犯法？请送我

第九章 自知自爱

去砖厂做苦力！"警察无奈，只好送他去了。为严厉地惩罚自己，领导人连夜开始，一边造着砖头，一边反思过错。经过夜以继日的艰苦劳动，领导人终于完成了造一千块砖的处罚，也赢得了国人的尊重。

警察已经宽容了他的过错，如果领导人不是一个严以律己的人，一定会顺水推舟地接受这个人情，但是既然能有第一次违反法律，就能有第二次，积少成多，他的品质会逐渐被质疑，最后会声名狼藉。而他选择了严厉地惩罚自己，则会使自己记住这次教训，不敢再违反法律。有句名言："严以律己，宽以待人。"当别人宽容地对待我们的时候，我们却不能忘记严以律己的信条，要知道，如果你把别人的宽容当成了放纵自己的理由，那么你对自己的要求会越来越松懈，最终很可能会因此铸就大错。

三思：我们该以什么来回报别人的宽容？

有个年轻球员在进入职业篮球联赛的头两个赛季，一直担当替补球员。一旦比赛正式开打，坐在板凳上的他，时刻摩拳擦掌，苦苦等待机会上场。终于有一天，场上需要换人，年轻球员热切地望着教练，希望得到这次上场的机会。教练眉头紧锁，犹豫一下，说："你上！"

然而，也许是因为与队友配合得不默契，也许是因为过分紧张，年轻球员竟然一点都找不到感觉，表现得一塌糊涂。他瞥向场边的教练，惭愧地低下了头。赛后，他开始躲避教练的目光，但教练还是叫住了他，对他说："孩子，忘掉不愉快的一切，我相信你总有爆发的一天。"

教练的宽容与鼓励，令本来有些绝望的他坚定了信心，他也决心以自己的实际行动来回报教练。他在训练中更加刻苦，与队友的默契程度也与日俱增。终于有一天，他又被教练派上了场，这一次，他惊艳全场，所向披靡，为球队的胜利做出了巨大贡献，场边的教练也欣慰地笑了。

面对教练的宽容与支持，年轻球员十分感动，为了回报教练，他融入团队，刻苦训练，终于以惊艳的表现、出众的成绩回报了教练。当别人宽容我们，我们改正错误、严以律己就够了吗？如果你只是止步于此，又怎么对得起别人的好意？别人对我们宽容，我们除了严格要求自己外，还应该以更多的努力、更好的成绩来回报别人，这样，对方也会看到，他对我们的大度是正确的，我们是值得他这样对待的。

对人宽容是一种美德，但并不是别人理所当然的态度，所以我们也不能理所当然地接受，而应该三思：我值得别人宽容吗？别人的宽容是我放纵自己的借口吗？我应该以什么来回报别人的宽容？只有这样，你才对得起别人的宽容，才能赢得更长久的宽容。

第九章 自知自爱

请一定守好良心的大门

人这一辈子都会受到外界的诱惑，能始终坚守自己良心的大门，坚守自己的品行操守的人又有多少呢？诱惑越多，坚守越难，才越发可贵。

认识一个律师，姓周，周律师在他工作的城市名气很大。有一次，一家公司的老总请他拟一份聘用合同。这位老总的公司有上百名员工，之前因为合同纠纷，和员工打过几次官司。他对周律师说："这份合同要合法，但要规避我开除员工被起诉的所有风险。"这位老总的意思很明显，就是拟一份保护他自己的利益甚至会损害员工利益而又没有任何法律风险的合同。周律师没有犹豫，直接拒绝了。老总说："你为什么要拒绝？价钱好说，你开个价。"周律师说："不是钱的问题，这样的事情我不能做。"老总说："你不做，会有别的律师做。我是因为朋友介绍，说你水平高，才来找你的。"周律师说："别人做不做，我管不了，我只能管住我自己。我的良心不允许我做。我希望您也别这样做，善待你的员工，他们也会善待你。"老总不屑一顾，哼笑了一声走了。

如果周律师愿意帮这位老总拟合同，他可以获得丰厚的报酬，但他拒绝了。因为他知道一旦他拟了这份合同，就有人会因这份合同而利益受损。"君子爱财，取之有道。"在金钱的诱惑下，周律师守住了自己良心的大门。做一个"干净"的人，坚守良心和道义，有所为有所不为，这样的人会赢得人们的尊重和敬佩。

林翔是一家修车行的总经理。一天，一个中年男人开车来到店里，林翔让店里的员工帮他解决车的一个小毛病。当员工解决完之后，中年男人问："多少钱？"员工说："二百元。"中年男人说："我给你三百元，你能不能给我开五百元的发票，我回单位报销。"员工说："这事我做不了主，你找我们老板谈吧。"于是，员工就带中年男人到了林翔的办公室。当中年男人说明来意后，林翔拒绝了。中年男人说："是这样的，我们公司有多辆车，修车这方面我负责，我们可以合作，让你们车行成为我们公司修车的定点。我们合作，你发财，我也有赚。"林翔说："这事我不干，既违法又不道德，出事了都是大事！"中年男人说："你确定不和我合作？"林翔说："是的，我确定。"中年男人说："你不和我合作，我却偏偏要和你合作。实话告诉你，我所说的公司就是我自己的公司，公司里有二十多辆车，每年保养、修理都花不少钱，我要找一家可靠的车行来做。你让我相信，你的车行就是我要找的车行。"林翔愣住了。他没有想到自己刚刚经受了一场考验。他为自己经受住了这场考验而感到庆幸。

面对能给自己的车行带来不菲收入的合作意愿，林翔坚守了自己的底线，守住了良心的大门。最终赢得了信任和机会。一个人能守住自己良心的大门，这个人一定是可信赖的。一个能守住自己的良知的人，他的所作所为不会超出道德和法律的范围，对得起天地良心，不负社会、不负他人。如果一个人不能守住自己的良知，就会丧失做人的基本准则，为天理所不容，为他人所唾弃。

我们身边有很多人守住了良心的大门，面对诱惑，他们正视前方，正步前行，品行高洁。这是一种良心的坚守，这是一种道德的坚守，他们守护着大千世界的一方方净土。

第十章

懂得降伏负面情绪

人与人之间就像玻璃瓶子一样,只要有裂痕,绝对修复不了。

——曾仕强

你也可以成为社交高手

先破后补不可取

我有一套茶具,十分精美。一开始,我每次拿起茶杯茶壶,都会小心翼翼,可时间久了就不在意了。一次,一失手,竟将茶壶摔坏了。于是便找人修补,结果花了很大力气修完,仍然可见一道明显的疤痕,这说明,一旦裂痕出现,是很难修补的。

张振南和刘立杰是好朋友。一次张振南的公司要外包一个项目,他答应会给刘立杰。这时,他的小舅子却找了过来,要承包项目,张振南最终把项目给了小舅子。刘立杰听闻此事后,大怒,对别人说:"为了这个项目,我筹集了手头所有资金,推掉了别人的工程,现在你连说都不说一声就给了你小舅子,这不是耍我吗?这样的朋友,以后不能交了!"张振南听到这番话,反而笑着说:"他心中有气,是可以理解的,不过我们是多年的老朋友,以后有了更大的项目我再亲自找他赔礼道歉,他就会消气了!"没过多久,张振南的公司果然又有了一个更大的项目,他亲自登门去找刘立杰,可刘立杰却冷冷地说:"您的项目我可不敢接。这

第十章 懂得降伏负面情绪

么大的项目,等我筹完资金,你再转手给别人,我不得亏死呀!"张振南落了个灰头土脸。

在张振南看来,双方是老朋友,即使闹了矛盾,也可以很快修复。可事实是这样吗?其实人际交往就像我的茶壶一样,一旦破裂了,想要修补就难上加难了。因为,你破坏交情的行为首先就是对对方、对你们之间情谊的不尊重、不重视,会令对方心寒,也会令对方看到你不重情谊的一面。想要温暖人心,本就是一件很难的事,更何况你已经给别人留下了这样的坏印象。

再说我的茶壶,以前有客人来,用我的茶壶,总是小心翼翼,可自从它破了之后,客人们便随意多了,磕碰也更多了,不久便变得千疮百孔。一天回家,发现我那个茶壶终于完全破了。原来是儿子和邻居的孩子一起玩弹珠,目标就是我那个茶壶。而家里那些完好的用具,却没有被破坏。茶壶坏了,而和茶壶配套的几个茶杯孤零零地摆在茶几上就显得很不协调。无奈,我便将那几个茶杯也收了起来,放在了角落里,很少再用。

宋杰刚进一家单位不久,大家也都挺喜欢他。一次,他因为一些工作上的分歧和资历很深的张师傅吵了起来,并称对方是"老顽固"。他心想,反正大家都是普通员工,吵就吵了,看他能把我怎么样!张师傅确实没把他怎么样,可单位的其他同事对他都变得很冷淡,再不像以前那么热情了。他十分苦闷,向一位朋友请教,朋友说:"张师傅是多好的一个人呀,你都能吵得起来,还骂人家,大家都会觉得你是一个性格暴躁、不好相处的人。谁还会对你热情呀?"宋杰听后,恍然大悟,马上找机会去向张师傅道歉。张师傅虽然原谅了他,可他和别人吵架的事早就传开了,想要消除影响,就得付出更多的努力和时间了。

宋杰觉得和张师傅吵一架没什么,可这一架却暴露了他身上的一些缺陷,令大家对他敬而远之。与人闹矛盾的时候最容易暴露人身上的缺点,一个人和大家的关系都不错,大家也不会觉得他有什么大毛病,会对他很友好。可一旦你和别人闹了矛盾,不管谁对谁错,你性格中不好的一面,比如粗暴、狭隘等便会呈现在别人面前。面对这样的你,正如客人看待我那有一道疤的茶壶一样,会很珍惜吗?

孩子们没有去破坏一个好的用具,这个茶壶本身就是破的,他们玩起来就会肆无忌惮。你先背弃了别人,损失的是自己的人品和形象。你自己首先变成了一个"破茶壶",再想修复和别人的关系,还会那么容易吗?不但如此,其他人也会因此认为你不好惹,甚至故意疏远你。

王振为了升职,背后去领导那给竞争对手李明打小报告。没能成功,还得罪了李明。他拉下脸来百般道歉,李明才不说什么了。一次,王振的儿子生病,挂不上专家号,想到李明的妻子赵冉在医院工作,便去求助。可赵冉却冷淡地说:"你还好意思求我?你差点儿害得我们家李明丢了工作!"王振说:"李明都已经不怪我了,你也别生气了!"赵冉却说:"他不生气是他气量大,我可没这样的心胸!今天看在孩子的份儿上帮你一回,下次如果是你自己有事,千万别来找我!"王振受了一顿埋怨,却也无话可说。

茶壶坏了,我的茶杯也没了用武之地。同样的道理,你得罪一个人,往往不只是得罪他自己,还包括他的亲人、朋友、同事等。你赔礼道歉,得到了他的谅解,可不见得就能得到其他人的谅解。所以,你得罪一个人很容易,可要想再修复关系,那很可能就要付出好几倍的努力。

"千里之堤,溃于蚁穴。"人际关系也是如此,任何一个小缺口,都可能让你陷入交际困境。因此,与人交往忌讳先破后补,而应该精心维护。

迁怒于人，招祸于己

看过一本故书，说的是武周时期，湖州别驾苏无名和跟随自己多年的助手刘成宝来到京城洛阳向武则天述职。留京期间，恰巧太平公主一件价值两万多两黄金的宝物被人偷了，苏无名稍动脑筋，就把案子给破了。没想到，武则天听了近臣的谗言，反而说苏无名有通盗之嫌，并给予严厉斥责。苏无名被皇上误解，觉得特冤枉、生气。回到住所，看见刘成宝正在那里"呀呀"地哼小曲，顿时暴跳如雷："呵，你还有心思唱？不想在老子手底下混了就说，我绝不强留。你以为这里是湖州啊，你可以随便来？这里是京城，你的脖子上、我的脖子上，都悬着一把利剑，说不定什么时候就被'咔嚓'了，还想不想活了？"苏无名把气转嫁到刘成宝身上，让刘成宝很是伤心。没过多久，这个颇为能干的助手就离开了苏无名。苏无名后悔不迭，因为他从此少了一个忠心耿耿的左右手。

苏无名因为被冤枉，就拿刘成宝撒气，好像是刘成宝捅的娄子，这实在荒谬。可是在生活中，我们不也经常会犯这样的错误吗？一旦心情不好，就把坏情绪发泄到不相干的人身上，结果让人感到莫名其妙，感到你不可捉摸、难以相处。可以说，刘成宝离开苏无名也是情理之中的事。其实，人生在世，难免会受气、受委屈，这时候，如果能把自己的不快平和地告诉他人，或许还能得到他人的安慰和帮助；如果迁怒于他人，就会伤及无辜，失了人缘。

桥东大酒店快餐部，每天早上6点人员到岗之后，里里外外要先收拾一番，这时候客人也到了，顾得收拾，顾不得照顾客人，显得很乱。厨师长老蔡就向经理建议更改上下班时间，让大家5点半到岗，先关门收拾，半个小时之后再开门，这样就能更好地进入工作状态。经理采纳了厨师长的建议，果然很见成效。可谁知道，主食组的赵书凯并没把这个调整放在心上，一连两天迟到，结果被经理罚了一百元。赵书凯这下可气疯了，在后厨对老蔡大喊大叫："当个破厨师长有什么了不起的？就你多事。这出的是什么歪主意，我看是神经有问题吧！本来6点上班好好的，非得提前半小时干吗？老子被扣钱了，你就高兴了？"这事后来被经理知道了，经理毫不犹豫地开除了赵书凯。

赵书凯没有在意上班时间的变动，迟到被罚。照理来说，他这时候应该反省自己，吸取教训，杜绝以后出现类似情况，然而，他不但没有这样做，反而在被经理处罚后，恼羞成怒，而且还迁怒于老蔡，对老蔡出言不逊。如此不可理喻的做法，最后受损的其实还是他自己。朱熹说："怒于甲者，不移于乙。"与人交往，要一事对一事，绝不可因为自己不爽，就随便迁怒于人，因为那既可笑又可鄙，只会自取其辱。

战士张英华和李磊因为要排练相声参加地方庆"七一"文艺会演，所以一个多月没参加驻训。张英华觉得因为这个原因耽误训练，考核科目不合格也有的说，到时候首长怎么也得让过关。所以，排练完节目就没有再补训。一天，首长来连队观摩训练，抽签抽到了张英华和李磊，他俩和另外两名战士对垒，张英华很快就被击败了，李磊却表现得近乎完美。下来后，张英华生气地对李磊说："什么意思啊你？本来如果我们两个都不合格，还可以说时间紧，来不及加练，那样我们可以一起过关。可你私下怎么把这些科目都练了，你今天倒是过关了，那我怎么办？你这不是害了我吗……"李磊非常生气地驳斥说："你自己不努力，关我什么事？我没法跟你这种人一起做事。"以后，李磊再也不跟张英华交往了。

张英华在训练科目上出了丑，不反思自己不努力，还迁怒于李磊太努力，实在毫无道理可言。生活中，别人做得好，你做得差，你没有反省自己发现不足，没有见贤思齐，而是迁怒于人，那你就永远也进步不了。把怨气向别人转嫁，更是纯属自毁形象。你的脾气再大，暴发得再厉害，也不会对别人有多大的妨碍。可你在人前摆烂，谁还能拿你当回事？

陈玲玲是一家杂志的上半月版美编，最近两个月，她发现下

第十章 懂得降伏负面情绪

半月版美编于兰的排版标题用字和插图都存在明显不足。陈玲玲曾找于兰沟通，但对方却将她的话当耳边风。本着为杂志负责的想法，在评刊会上，陈玲玲发表了自己的见解，大家也表示认可。主编对于兰说："于兰，我也发现现在的排版存在这些问题，你以后得注意点了，工作还是要认真负责，不能有丝毫的松懈。"散会后，于兰很不高兴地对陈玲玲说："是，我的水平是不行，可你至于在那么多人面前对我指手画脚吗？我被领导批评了，你就高兴了？真不明白，你这到底是什么用意？"陈玲玲被打了一闷棍，忍不住和她争论了起来，同事们也纷纷站了出来，说于兰有点无理取闹。于兰羞愧不已，没过多久就悄悄离职了。

于兰的工作做得不好，面对陈玲玲的善意提醒却无动于衷，这本身就有问题了。陈玲玲在评刊会上的发言，其实也是为了工作，而非刻意刁难，于兰应该好好反省自己才对，绝不该因此斥责陈玲玲。在现实生活中，如果我们有缺点和不足被别人指出来了，我们就要懂得反思、改正，绝不能因为觉得没了面子，就迁怒于指出我们错误和不足的人。我们如果因此而针对对方、报复对方，就只能让自己处于尴尬境地，最终害人害己。

迁怒于人、冲动、发泄情绪，会让人觉得你是一个心胸狭窄、小肚鸡肠的人，给人留下霸道无理和没有气量的印象。这样，谁还愿意和你交往啊？所以，朋友们一定要谨记：交际中，不可随便迁怒于人。

使小性子往往酿成大错误

人际交往，难免有不如意的时候，也难免有受委屈的时候，这时候，如果不能进行有效的自我调解，对着别人使性子、发脾气，不仅起不到排解郁闷的作用，还会破坏人际关系，把自己置于更为难堪的人际环境中。

胡大伟没什么名气，他拼命地演出和创作，也赚不了什么大钱。于是，他便和妻子白露丝去炒股。胡大伟和妻子用的是同一个账号，常常因为意见不合而吵架。这天中午，白露丝打开报纸一看，气又不打一处来：胡大伟卖出的股票全线飘红。刚好就在此时，婆婆来她家，见她脸色不好，就告诉她胡大伟有演出，中午不回来了。白露丝便忍不住说："你看你生的那个宝贝儿子，什么事都要跟我对着干，今天参加演出前，一个电话，就把一只很看涨的股票卖出去了。什么事啊？两口子过生活，做这种决定应该给我打个招呼吧，总该听一点我的意见吧？做他老婆，我才叫倒霉呢！你说你是不是上辈子没做好事啊，怎么养这么个儿子？

第十章　懂得降伏负面情绪

哼……"再往下，白露丝的话便由痛斥胡大伟转向埋怨婆婆。婆婆哪里能忍受白露丝对儿子这样责骂，更何况还要捎上自己，于是婆媳两个吵得天翻地覆，几个礼拜没有说话。而他们两口子，最后也离了婚。

白露丝因炒股与胡大伟有分歧，如果就事论事，怎么讲都是可以理解的，跟婆婆诉诉苦，评评理也并无不可，然而，她却任由自己的"小性子"不停地膨胀，最后拿婆婆当出气筒，实在是太不应该了。使性子本就容易让矛盾激化，而不看对象使性子，拿"无辜"之人来出气，更会扩大矛盾，在原有的烦恼上再添新的忧愁。在生活中，对谁有什么不满，可以找人平心静气地进行商量，动不动就使性子，还对旁人撒起泼来，即使并非出于恶意，也会造成新的矛盾。

王金是某公司采购部经理。这天早上，老板秘书李敬打来电话，说老板请他到办公室来一趟。王金赶过来之后，李敬连忙招呼说："王经理，你来了？老板突然有个重要会议，先开会去了。请您在大厅稍候一下。"王金颇有不满，要去老板办公室坐着等，李敬提醒道："您是知道的，员工不可以随便进他的办公室。"听了这话，王金的脾气一下上来了："我知道什么？我是随便进了吗？别人不让进，我还不让进吗？不让进你叫我来干什么？你怎么当秘书的，为什么不把时间安排好？我每天都工作缠身，哪像你那么清闲自在？公司效益这么差，都是败在你们这些人身上的。以后再出现这种情况，你就给我回家去！"说完，王金就进老板

169

你也可以成为社交高手

办公室坐着看杂志去了。没几天，王金这件"光彩事"就传遍单位上下，他这种拿同事当出气筒的做法，不仅让老板对他失望，大家对他更是避之不及。

王金来到老板办公室，因为老板有急事，没能如约见到老板，他就把情绪发泄在秘书身上，对他使起性子来了，不仅不听他的好言相劝，反而暴风骤雨般一顿训斥。殊不知，王金的火真是发错了地方。生活和工作中的一些岔子，有时候并不是别人主观错误造成的，如果你因此而把自己的情绪转嫁给别人，人们不仅不会同情你的遭遇，更会看低这种自私和粗暴的行为，人缘肯定会越来越差。

对人使性子，表面上看，好像可以证明自己的存在，让人不敢小视；而实际上，却是饮鸩止渴，得不偿失。乱使性子对人际关系危害极大，希望朋友们都引以为戒。

友情不能乱衡量

每个人心中都有一杆秤，别人对自己怎么样，都会去掂量掂量。可有些人的秤，却不是那么客观，衡量来衡量去，却把朋友都"量"跑了，这是为什么呢？

周大伟的大学毕业证丢了，需要在省级媒体上登挂失声明，才能补办。他的好友高西友正好在省日报社上班，他便给高西友打电话，并说："这事你得给我抓紧啊，我们单位评职称，要用毕业证。我如果在规定时间内补办不下来，今年就评不上了。"高西友答应尽力帮忙。报社登挂失声明等信息，需要攒够一定的数量才会登一次。高西友几乎每天都去找负责这项工作的同事询问，可这几天很少有人来登这类信息，一直到一周以后才凑够了规定的最低数量，登了出去。结果，因为晚了两天，误了周大伟评职称的事。周大伟生气地说："我今年本来是能评上的，就因为高西友耽误了。我评职称这么大的事，他却一点都不放在心上，根本就不拿我当朋友！"高西友听后也很生气，两个人的感情日渐淡漠。

　　挂失声明确实晚登了几天,但那是有客观原因的,而且高西友不是没把这事放在心上,反而每天都去问、去催,怎么能由此断定高西友不看重友情呢?有些人只看结果,托朋友帮忙,朋友没办成,便觉得是对方没尽心、没把自己的委托当回事。友情岂能用如此片面的看法衡量?为什么不去看看朋友为此付出的努力?每个人都有自己的实际困难,应该多看看别人背后的苦衷,多想想别人在其他方面对你的好。

　　上大学时,王春晓和李志玲是最要好的朋友,形影不离。毕业前,她们相约,以后谁结婚,不管多远,另外一个一定要去参加婚礼。毕业后,两个人不在一个城市。王春晓结婚前,邀请各位同学来参加婚礼。她给李志玲打电话,李志玲说:"我这次可能真的要失约了。去你那里,至少要请三天假。我们公司刚换了新领导,正在严抓纪律,谁也不许无故请假。而我正是负责考勤的人,如果我带头请假,影响不好。"王春晓听后很不高兴,她说:"我给同学们都打过电话了,咱们宿舍的几个人,都说要来。郑欣欣,当时上学的时候跟咱们关系一直处得不太好,现在人家还嫁到外省去了。我一打电话,人家马上就说:'是哪天,我赶紧订机票。'我一辈子就结这一次婚,你是我最好的朋友。人家郑欣欣那么远都来了,你看着办吧!"李志玲听完这些话,左右为难。

　　郑欣欣来参加婚礼,难道李志玲就一定也要来吗?郑欣欣来,是人家重情义，但李志玲确实也有现实的困难，不能轻易请假。王春晓的强求，只会让李志玲为难，也可能给她们的感情造成伤痕。有些事，可能有些人能为你做，你应该感激，而不应该用此去衡量你和其他朋友的感情，更不能要求其他朋友也要这么去做。那样是强人所难，会让人反感。

沈诺和甄世强情同手足，一次他俩坐公交车，有个扒手偷沈诺的钱，被沈诺当场抓住，对方不但不认错，反而纠集了几个同伙围殴沈诺。虽然对方有四五个人，但甄世强还是上去帮沈诺，两个人都受了伤。这让沈诺十分感动。后来，甄世强的女朋友被人"抢"走了，甄世强很是不忿，找到沈诺说："我们去揍那小子一顿，出出气！"沈诺说："感情的事不能强求，你打人家一顿，女朋友就能回来了吗？更何况你现在正在气头上，万一把人打伤了，或者自己受伤了，多不值得！"甄世强说："当初你被四五个小偷打，我可没想过自己会不会受伤，冲上去就帮你。现在就这么点小事，你推三阻四的，太不够哥们儿了！"沈诺坚持不肯去，甄世强生气地说："我是怎么对你的，你也太不仗义了！"两个人闹得不欢而散。

甄世强不顾自己的安危上去帮沈诺，这是令人敬佩的。但不能因为自己为沈诺受过伤，就要求对方无原则、无条件地答应你的要求。沈诺不帮，不是不够朋友，而是为了甄世强好。如果你做的事本身就是错的，真正的朋友是不会帮你错上加错的，那不是帮助你，而是在害你。

你也可以成为社交高手

纵观上面几种情况,他们都是以自我为中心,从自己的感受出发,去衡量朋友对自己的感情,而不去考虑朋友的实际情况。衡量感情,应该用全面、理性、长远的目光,多看别人对自己好的一面,顾念别人对你的恩情,而不是一味地将埋怨挂在心头。

第十章　懂得降伏负面情绪

别把负面情绪带给别人

先来看一个故事：

男人在单位里挨了领导的骂，憋着一肚子气回到了家中。吃饭时，妻子仍然温和地夹菜给男人，男人竟说："我自己没长手吗？不是我说你，这菜是越做越难吃！"这时候，平时总让妈妈夹菜的儿子撒娇地说："妈，我要吃鱼，帮我夹。"妻子转头就是一句："你自己没长手吗？自己夹！"这时，平时和儿子玩得最好的小狗正朝他摇尾巴，儿子心里窝着火，朝它狠狠地踢了一脚。那狗冲到街上，正遇上开车准备出门的男人，男人为了避让狗，车子翻了……

这个故事也许太过巧合，但是却并非没有可能。现实生活中，很多人都喜欢把坏情绪带给别人，结果只能是伤人害己。负面情绪就像是病毒一样，有很强的传染性。是的，滚滚红尘，谁都会有困顿失意、落寞痛苦、无奈甚至悲观绝望的时候，咬着牙，独自挺过去吧。至少我们压制住自己的负面情绪，就像降伏病毒一样，不要让它传播，传染给亲人朋友。否则的话，不但会影响到

你也可以成为社交高手

身边人的心情和生活,更会影响到自己的人际交往。

苏羽当体育记者时,有个同事老张。有一次,主编安排老张采访一个体育名人。老张做了一些准备,但最后却因故没有采访成功。主编对老张的工作结果很不满意,就批评了他一顿。老张感觉自己很委屈,但跟主编又讲不清楚,只好灰溜溜地回到自己的办公室。在办公室里,他刚好看到苏羽正在火急火燎地找一份资料,于是,老张突然酸溜溜地说:"苏羽,你别那么拼命干了,做再好,也没有什么用。我为了这次采访,做了那么多的准备,可是因为没有采访成功,一切都白费了,主编竟然还批了我一顿,他呀,从来只看到我们做的不好的一面,看不到好的一面。这样的领导真是没人情味,这样的单位,能有什么发展呢?苏羽啊,别这样忙前忙后的了,该休息的时候就休息。"这话让苏羽听了,心里很不是滋味。原本雄心满满的他,不禁打起了退堂鼓,心想:老张都这么说,我还哪有心情做事啊!

苏羽心里感觉不舒服,对工作产生了质疑,自然是老张的负面情绪影响到了他。苏羽后来也不止一次地说:"老张的抱怨,让当时处境很不好的我,心里更添堵了。"可见,老张的负面情绪对苏羽产生了怎样的影响。生活中,我们难免会遭到各种各样的委屈,这时候,我们不能够把别人当作情感的垃圾桶,随便就跟别人倒苦水,把自己的负面情绪传染给别人,在别人那也产生负面效应。这样一来,就等于把别人也拉下水。

罗斯、汉克和马尔斯尔是大学同学,毕业后三个人的关系也

第十章 懂得降伏负面情绪

一直挺好的。罗斯想在自己的家乡开个快餐店，由于资金不足，他便想到请家里经济比较好的马尔斯尔帮助。罗斯跑到马尔斯尔家，说明了情况。罗斯原本以为马尔斯尔会毫不犹豫同意的，结果没想到马尔斯尔却说自己最近手头紧，没法借钱给他。罗斯非常失望，也非常生气，当时就拉下脸，不告而别。他跑回来后，去找汉克喝酒，并说起了这事，一味地抱怨说马尔斯尔为人吝啬。汉克宽慰罗斯，说马尔斯尔可能真的是手头急，一时之间，没有办法弄到钱。可是罗斯一点也不相信，还说："马尔斯尔这人不仗义，我们的关系这么好，就算没钱，也应该想办法借给我啊。可是他根本没把我的事当回事，这种人根本不配做朋友。我没有他这种朋友，跟他做朋友让我恶心！"汉克听不下去了，说："你是不是想说，我也不该跟他做朋友了？"

美国洛杉矶大学医学院的心理学家做过一个心理学实验，实验证明：只需要二十分钟，不良情绪就会在不知不觉中传染给别人。正因如此，我们更应该控制自己，不让坏情绪影响到别人。罗斯没有意识到这点，他喋喋不休地跟汉克倾诉，埋怨和指责马尔斯尔不够朋友，这就有意无意地引起汉克心里的不适。最终，汉克会不高兴地责问罗斯，就是这个原因。可见，如果我们在生活中把不满的情绪带给别人，或许会得不到宽慰，并且还会遭到别人的反感。

不良情绪时常无情地啃噬人们的心灵，妨碍人们正常的学习、生活、工作。所以，尽量别把自己的不良情绪带给身边的人，否则，当朋友受到了传染，你就成了"有毒"的朋友了！

第十一章

以宽容之心处世

与人为善就是善于宽谅。

——弗罗斯特

你也可以成为社交高手

得理不让人,你就赢了?

古时候,有个理发师给县太爷理发,一不小心把县太爷的眉毛给剃了一块。县太爷勃然大怒,不仅命人砸了他的剃头挑子,杖打二十,还罚他做了一年的苦役。理发师虽有错在先,然而县太爷得理不饶人,最终也留下了一个恶毒的骂名。《菜根谭》有言:"攻人之恶毋太严,要思其堪受。"现实生活中,即使别人不占理,如对对方过于苛刻,恃理欺人,自己也会失去人心。

莫以理欺压人

去年暑期,一行人跟团去长白山旅游。准备返回的那个早晨,上车时,大家都自觉地坐在原来的座位上。谁知,有一位中年男子原来坐在第一排靠窗的位置,现在这个座位被一位女士占了。他很不满地说:"大姐,你之前不是坐这儿的吧?"不等女士开口,导游过来说:"她晕车,您和她换一换吧。"中年男子一下火了,说:"我少拿钱了怎么着?凭什么要我和他换位子?她年纪轻轻的,也没缺胳膊少腿,凭什么就一定要坐在我这儿……"他又指责导游:"来的时候,我晕车差点儿把肠子吐出来,你这当导游的干什么去了?现在你从哪儿钻出来的?要换座?没门儿!有能耐你赶我下车呀!"导游是个刚毕业的女孩,听了他的指责,不禁呜呜地哭了起来。中年男子抢回了座位,却得罪了车上的乘客,一路上大家说说笑笑的,就是没人愿意再理他。

中年男子在去景区的路上晕车呕吐,没有受到导游照顾,回去时又被人占了座,本来他是得理的一方。然而,在这起纠纷中,他自恃得理,便以粗暴的方式与人争执,对过来劝解的导游横加指责,盛气凌人,不依不饶,让人难以接受。如果他不想让座,找导游或是向女士说明情况,肯定能调换回来,没有必要以理欺压人。中年男子这样做,反而把自己的理搞没了,让大家都瞧不起他。可见,得理而欺压人,逞一时之能,即使暂且得胜,也会为交际埋下祸根,得不偿失。

莫以理报复人

办公室文员李姐骑电动车进门时,恰好张璋开车出去,电动车不偏不倚正撞在张璋的车门上,把车门刮掉了一块漆。李姐管考勤,上个月就给他画了好几次迟到,这次撞了自己的车,张璋心想,这回可落在我手上了,于是他说:"你是怎么骑车的?你的命不要了，我的车还要呢！"说完就说修车至少要一千元，让李姐赔他八百元就算完事。李姐觉得自己理亏，同意赔钱，只说她身上没有那么多钱，明天可以把钱付给他。然而，张璋不肯善罢甘休，硬要李姐去管同事借钱，让李姐很难堪。

有同事在门口看到了，就劝张璋，说："都是一个单位的人，抬头不见低头见的，何必这样呢？"没想到张璋眼一翻："不是你的车你才这么说的吧？"一句话把人堵了回去。大家虽然不再说什么，但对他这种做法无不嗤之以鼻，从此，张璋在单位的人缘一落千丈。

张璋开车出门，被骑电动车的李姐撞了。出于对李姐的成见，张璋不仅出口伤人，还当场就让李姐赔钱修车。结果有理弄成了没理，受到大家的唾弃。在人际交往中，出现点小摩擦很正常。在摩擦中，占理的一方，往往占有较多的话语权，然而，如果自以为得势，借机报复对方，吆五喝六地给对方好看，即使你再怎么有理，也会在人缘上失去支持，成为"光杆司令"。

莫以理逼迫人

赵飞和刘云同是一家艺术设计公司的员工。有一次，刘云见赵飞在进行一个设计创意，于是就假装学习，跑去一边问长问短，一边暗暗记住她的设计要素。回来后，她立刻用在了自己的设计上，并通过了领导的审核和好评。项目公开后，赵飞发现了其中

第十一章　以宽容之心处世

的秘密,便当着众同事的面"揭发"刘云:"刘云怎么这样啊?当面一套,背后一套,自己没有好创意,居然'偷'我的东西。你干这事就不觉得是在做贼吗?"刘云听得脸一红一白,自知不对,连忙向赵飞道歉,说这个项目完全可以算赵飞的工作业绩,自己一点不要了。可赵飞并不作罢,恶狠狠地对刘云说:"现在想起'不要'来了,当初干吗来着?晚了!"之后,赵飞说,肯定还有别的创意被刘云剽窃,便强行检查她的客户资料,并执意要把她电脑硬盘的可疑数据统统删去,要么就格式化。刘云被逼得又羞又恼,在公司抬不起头,只好辞职走人了。有的同事说,赵飞心胸如此狭窄,做事不留余地,不可深交。

　　刘云剽窃赵飞的创意用在了自己的作品里,这是不对的,赵飞维护自己的权益也理所当然。但她得理不饶人,在对方赔礼认错之后,还不依不饶,提出种种过分要求,最终把刘云逼走。赵飞的举动,败坏了口碑,失去了人缘。人在得理之时,一定要适可而止,莫要"赶尽杀绝",否则到最后,反倒害了自己。

　　得理不让人,自毁形象,给自己的交际挖沟堵墙,贻害无穷。这时候,不如"径路窄处,留一步与人行",这样,自己的交际之路才会越走越宽广。

请多担待一些

在一个香火旺盛的寺院里,小和尚正忙着给香客递佛香,一个香客一不小心将接到手的佛香,失手散落到了地上。这时,方丈正巧走过来,看到满地的佛香,看了小和尚一眼。小和尚急忙说:"师父,这不是我做的,是她不小心。"那个香客满面羞愧。方丈没说话,把小和尚喊到一边,对他说:"施主不小心,香掉地上本来也没什么,可你却怕我责备你,急于辩解,让人难堪,一点担待心都没有,如何修行啊?"

香客因不小心滑落了庄重的佛香,已经十分尴尬。而小和尚为了避免方丈的责罚,便当着香客的面辩解不是自己的过错,这让尴尬的香客更加羞愧不已。他的当众辩解不仅没有避免方丈的责罚,反而受到了方丈更加严厉的批评。对他人犯的错误以及过失,要有点担待心,这不仅仅是给他人留面子,更显示一个人的胸襟和敢于承担的勇气。

第十一章 以宽容之心处世

担待别人所犯的过错

活动部要举行一次宣传活动，赵经理便临时借了策划部陈经理的私家车。宣传活动前一天，就要开始布置会场，准备各项事宜。因为司机人员不足，领导便安排拥有五年驾龄的小黄负责来回运送货物。连续奋战了一整天，工作才告一段落。小黄按照领导的指示，把车开回公司总部，顺便把沿路的同事送回去。当小黄送完所有同事开往公司的过程中，因为太过劳累，在一段没有灯光的路上把车直接开到了辅道上。小黄受了皮外伤，但车基本报废。第二天一大早，赵经理带着小黄当面向陈经理道歉，陈经理急忙问："小黄没事吧？要去医院处理好伤，只要人没事，车是小事，有保险！"一句担待的话温暖了小黄惊魂未定的心。

因为工作太过劳累，加上小黄粗心大意，出了车祸，让陈经理的车基本报废。小黄虽然受的是皮外伤，但心里已经非常自责，甚至担心陈经理会严厉斥责。然而陈经理却只关心人有没有事，还提醒要处理好伤，关于车的事情，他又以有保险安慰小黄。这种对别人的过错担待的品质，自然让小黄十分感动。与人交往，任何人都会犯错，甚至别人的错会让你受到很大的损失。这时，需要的是你多多担待，所谓的损失已经不能挽回，为什么不能担待一些别人所犯的错误呢？这样能让大家从心底对你产生深深的敬佩。

担待别人独特的个性

《三国演义》中，赤壁之战后，刘备智取荆州广阔的土地。庞统到荆州去见刘备，刘备对庞统肥胖的身体及我行我素的个性十分不屑，便打发他去耒阳县做了县令。庞统勉强接受，到了耒阳县也只是整天饮酒为乐，不务正业。有人便将此事报告给了刘备，刘备很是生气，又派张飞亲自去考察。没想到不到半天的时间，庞统就把那些积累了一百多天的案件全都处理了，而且断案公正，曲直分明。刘备封他为军师中郎将，与诸葛亮同职。后来庞统全心筹谋献计，帮助刘备成功入主蜀地，成就了刘备三分天下的大业。

庞统与诸葛亮齐名，都是一时名士。然而庞统个性迥异，时常我行我素，这便遭刘备的讨厌。后来，刘备见识到了庞统的能力后后悔莫及，才重用了庞统。庞统的全心辅佐，对刘备成功入主蜀地贡献了力量。人和人是不同的，别人身上所具有的个性、特点或固有的一些习惯，只要不伤大雅，虽然你做不到欣赏，但是不能多加苛求和厌恶，应该多一些担待之心，多一些体谅。这样，我们能交到更多的朋友，得到更多的支持。

学会担待别人，能让别人真心地喜欢你、赞扬你，帮你赢得和谐的人际关系和众多朋友。担待是理解，担待是宽容，担待是体谅，担待是一种交际的智慧，你的担待能让别人感动而铭记于心。

第十一章　以宽容之心处世

有容乃大

金大中在当选韩国总统后的第四日，曾伤害过他的前总统全斗焕和卢泰愚被特赦。谈到为什么要这么做时，金大中对记者们说："要憎恨的不是人，而是罪恶本身。两位前总统虽然做过一些不好的事情，但当年对韩国的经济起飞有过重大贡献。我们应该给他们机会。现在，让我们忘了他们的不好，记住他们的好吧。"金大中的举动，感动了全世界。他逝世后，韩国为他举行了为期六天的国葬，韩国国民赞誉他是"阳光先生"。

金大中不但不计较个人恩怨和私利，还为前总统说好话，为他们求情，这样包容的胸怀，实在令人敬重。泰山不辞抔土，方能成其高；江河不择细流，方能成其大。宽容是壁立千仞的泰山，是容纳百川的江河湖海。这就是明朝重臣袁可立题写自勉联"受益惟谦，有容乃大"的真意。现实中，难免有人做了对不起你的事，损害到你的利益，与其斤斤计较，不如以德报怨，这是一个人有修养的表现。

你也可以成为社交高手

苏轼任杭州知府时，杭州的税务官抓来一个漏税的犯人交给苏轼发落。此犯人身上背着一个大包袱，包袱上写着"苏轼送京师苏侍郎宅"。苏轼惊讶地问道："你为什么冒用我的名字运货？"犯人说自己是南剑州人，因没有盘缠进京赶考，乡邻凑些钱给他买了些当地土产建阳纱带到东京变卖，用作在京城近一年的花销。可是这些建阳纱如果作为商品运输，一路上重重关卡，赋税繁重，如按规矩缴纳则所剩无几。他素知苏氏兄弟有文名，便盗用他俩名衔，以便逃税。苏轼听罢，非常同情他的困难处境，不但没有处罚他，还赐了他上京的银两。于是，他一帆风顺到了京城卖了建阳纱，第二年秋天还真考上了进士。他的名字叫吴味道，后来一直视苏轼为恩人。

面对这位苦读诗书而冒名省财赴考的穷书生，苏轼的处理方式真是令人刮目相看。一般人肯定会处罚穷书生的，可苏轼不追究责任，体现了宽大为怀的品质。特别是他还设身处地地为对方着想，深深地理解一个寒门学子为进京赶考的不易，不为难人，还拿出银两相助，这胸襟是何等宽广！苏轼体谅别人的难处和错处，对穷书生的宽恕态度，受到了无数人的敬佩。

韦尔奇很器重团队中的一个年轻人，常把一些重要的工作交由他做。后来，朋友却告知他说那个年轻人在拿公司创意高价向他人兜售，并建议他把这种背叛团队的卑劣行径公之于众。韦尔奇沉思一会儿后，说："如果我们这样做了，那他以后在圈内再难立足和做人了！"韦尔奇把年轻人找来，谈及此事。年轻人痛苦地说:"其实我也已经写好辞职书了,正准备告诉您这件事……"韦尔奇打断他,说:"踏踏实实地干,做出成绩来,自会得到丰厚的回报。你既然也写了辞职书,我相信你也已经意识到错误了。以前的事就不提了,以后就好好干吧。"小伙子又后悔又感激,自此,更加勤奋地工作,很快成了韦尔奇的左膀右臂。

对于年轻人这种背叛团队的不齿行为,韦尔奇本可严肃处理,但他没有斤斤计较,没有大发雷霆,反而以德报怨,从宽处理,他认为年轻人难免走弯路,宽宥了对方的背叛。韦尔奇的宽广胸襟,令人赞叹。面对他人的伤害,不管是有意的还是无意的,从宽处理,不加责怪,还尽力为对方着想,给对方一条路,体现了胸襟和气度,可赢得对方的自省,赢得友谊。

宽容是人际交流中的橄榄枝,它让人与人之间变得和谐友好;宽容是为人处世的基石,可以让人的美德升华;宽容可以照亮灵魂,宽容让人性熠熠生辉!

很多事儿，根本不是事儿

我心里曾经埋藏着一段仇恨。

那段仇恨和镇上的一个地痞有关。那时，我还在读初中。一个雨天，我骑着自行车，一只手扶着车把，一只手撑起雨伞，路滑，一不小心车子倒了，溅起地上的泥水。恰好那个地痞从那里经过，泥水就溅到了他身上。我还没来得及扶自行车，他就用脚狠狠地踹了两脚车轮，一边踹一边呵斥我："你会不会骑车？不会骑车就别骑！"我连声道歉，他不依不饶，说："道歉就算了吗？我这衣服上都是泥，你赔我衣服。"其实，也就一些泥点子落在了他的身上。我不知所措，呆呆地站在原地。有人过来劝他："算了算了，都不是外人，咱们在一个镇上，抬头不见低头见。"他听了劝说，卖了个面子，不让我赔衣服了，但提出一个让我感到屈辱的要求，站在那里，向他说一百句"对不起"。对这样蛮不讲理的人，势单力薄的我毫无办法，只能站在雨中，不停地向他说"对不起"，说着说着，眼泪就哗哗地流下来……

第十一章 以宽容之心处世

从那天起,我的心里对那个地痞充满仇恨。我心里暗自发誓,将来有一天我要讨回我丢失的尊严,我要让他为他的行为付出代价,我甚至想将来有一天自己变得无比强大,把他痛扁一顿……我当然也明白,自己要努力学习,出人头地,永远不要受人欺负。

多年后,当我衣锦还乡,高朋满座。席间有人提起一个人,说他家遭了火灾,损失惨重,还烧死了人,镇上明天要为他家举行募捐活动。这个名字最初让我感到陌生。随着大家聊得深入,我才知道,这个人就是曾经让我恨得牙根痒的痞子。连我自己都感到惊讶的是,那一刻我心里没有一丝恨意,竟然想捐点钱给他。也是那一刻我才意识到,这些年,我早已不再恨他。第二天,我给父亲五百块钱,让他去捐款。

人与人之间的摩擦、矛盾,如果一直在心里,成为包袱,那是你自己还不够强大,格局还小。等你真正强大的时候,你会发现,那些曾经让你放不下的,令你觉得痛苦、屈辱的事情根本就不是事儿。正所谓格局大的人,大事不大,格局小的人,小事不小。

在网上看过这么一个历史故事——

张珣和王安两家曾是世交,以开茶铺为生。张珣的茶铺生意火爆,前来喝茶的人络绎不绝;而王安的茶铺则门客冷清,濒临倒闭。

一日,官府因张珣造假,查封了他的茶铺,并将其发配到边疆,流放三年。那里一片荒芜,常有毒蛇出没,还被瘴气包围,

你也可以成为社交高手

没过多久他便瘦骨伶仃。

三年后,张珣被释放回家,得知当年造假一事是王安加害。原来王安将自家茶铺生意不好的原因归结于张珣,便陷害于他。最后,王安的罪行被公之于众,曾经受骗的茶客都来找他讨说法。

王安见东窗事发,便把自己关在家中,整日担惊受怕,茶不思饭不想。几日后,便郁郁而终。

张珣得知此事,担心王安妻儿无人照顾,便将其接回家中。妻子埋怨道:"他害你被流放三年,为何还要照顾他妻儿?"张珣却说:"责人之过,是在伤害自己,不念人过,才能活得洒脱。"

张珣心中有爱,之后不但生意火爆,而且生活幸福美满。

德行深厚的人,有豁达大度的胸怀,原谅别人的过错,忘记别人的伤害,其实说到底是解脱自己的心,让自己过得轻松。一个人,面对别人的竞争、打击、报复,不会睚眦必报,反而根本不当回事儿,甚至以德报怨,这样的人必定拥有高尚的人格,懂得在宽容中修炼自己。

与人发生矛盾、纠纷,甚至遭到别人的伤害,能不记恨,不记仇,认为根本不是事儿,这其实是一种高度的宽容。它不是无能,而是一种气度;它不是懦弱,而是一种格局;它不是退缩,而是一种修养。

第十二章

雪中送炭　成就自我

为朋友提供方便也即为自己做好事。

——伊拉斯谟

你也可以成为社交高手

甘当绿叶，成就他人也成就自我

"从二十多岁起，我演了一辈子配角，一直都在'客串'，戏多少都不挑剔。俗话说'红花当需绿叶配'，我是'甘当绿叶配红花'。"这是著名演员葛存壮先生的话，让人听后倍觉感动。现实生活中，很多人都想自己当主角，自己站在舞台的中央，绽放光彩，但是这样的人，是不受人欢迎的。真正有智慧的人，他们乐于当主角旁边的配角，当红花旁边的绿叶，当别人成功的垫脚石，当别人向上攀爬的梯子，这样的人，别人会乐于跟你交往，并会从心底里感激你。

2009年NBA全明星周末，最让年轻人疯狂的扣篮大赛开始，经过预赛，身高只有一米七五的"小土豆"内特·罗宾逊和两米一一的"魔兽"霍华德作为竞争对手进入了扣篮大赛的最终决赛。先是霍华德来进行表演，只见魔兽助跑，起跳，然后是胯下运球，换手一记"大风车"式劈扣，整个动作舒展优美、一气呵成，激起全场一片热烈的掌声。霍华德得到了很高的分数，这时轮到内

第十二章 雪中送炭 成就自我

特·罗宾逊出场。为了突显自己的弹跳能力，他把霍华德拉上场，要求霍华德给自己当陪衬，自己表演飞跃霍华德扣篮的动作。霍华德没有丝毫犹豫，微笑着答应了。"小土豆"运球，高高地跳起，跃过两米一一的霍华德，扣篮成功。人们都被罗宾逊惊人的弹跳征服了，罗宾逊毫无疑问地获得了那年的扣篮王，而为其作"嫁衣裳"的霍华德则被比了下去，与扣篮王失之交臂。但人们注意到，在陪衬罗宾逊的过程中，霍华德一直面带着微笑，即便是在飞跃过程中罗宾逊的脚踢到了他的肩部，他也毫不在意，依然面带微笑，霍华德在罗宾逊胯下微笑的画面成了永恒。即使是在颁奖典礼上，霍华德也向罗宾逊献上了诚挚的祝贺。罗宾逊很感动，在发表获奖感言时，真诚地说冠军属于他和霍华德两个人。霍华德也靠成人之美的君子之风赢得了众多球迷的心。

霍华德作为罗宾逊在扣篮大赛上的竞争对手，能够如此有风度地帮助罗宾逊，成全对方的扣篮，让对方获得极大的成功，这实在是一种博大的胸怀，值得我们所有人敬佩。生活中，我们经常会说帮助某人某人，帮助了什么什么，其实我们不会失去什么，很多都只是举手之劳而已，不值得大书特书。最让人动容的，是那些宁愿舍弃自己利益，也要帮助别人的人，那些甘愿作为他人向上攀登的一把梯子的人，他们的行为，是良好素质的体现。甘为人梯，助人助己。如果你甘为人梯，乐于做映衬红花的绿叶，总是成人之美，总是真心去帮助别人，那么，未来有一天当你需要帮助的时候，你自然也会获得回馈。

你也可以成为社交高手

众所周知,帮助别人,自古以来就是一种美德,是一种高尚人格的体现,它不仅可以成就别人,也可以成就自己。朋友们,如果你也能甘当绿叶,不吝啬自己的付出,不顾及自己的利益,为别人着想,为别人的事业添砖加瓦,那最终你也会成就自己的精彩!

第十二章 雪中送炭 成就自我

为他人说句公道话

"公正的话，有道理的话。"这是对公道话的字面解释。我们常常想要为别人说句公道话，可话一出口却往往不那么公正，也并不一定有道理。那么怎样才能为别人说句公道话呢？

周勃是汉初的宰相，位高权重。有人诬告他谋反，汉文帝要杀死他。满朝文武皆知周勃是冤枉的，却不敢为他说话。这时，薄太后找到汉文帝说："当年平定叛乱的时候，周勃身上挂着皇帝的玉玺，手下指挥着强大的军队，那个时候他都不谋反，现在待在一个小县城里反而要谋反了吗？"汉文帝一时无言以对，只好放了周勃。汉文帝在历史上名声很好，如果不是薄太后劝阻，他枉杀功臣，恐怕就会留下骂名了。

大臣们明知周勃被冤枉，却因为害怕触怒皇帝祸及自身而没人敢说话。不但周勃可能会因此而死去，汉文帝也会因为枉杀功臣而在历史上留下骂名。薄太后为周勃说了一句公道话，不但赢得了别人的尊重，最重要的是，他为自己的儿子保住了可贵的名

你也可以成为社交高手

声,也彰显了自己的品质,留名青史。

刘积仁创办东软集团初期,东北工学院(现东北大学)的一些老师对东软很有意见,有的甚至破口大骂,认为他们抢占了学校的资源。东软的员工都很有情绪,可刘积仁却对员工们说:"你们现在住的房子比奋斗了多少年的老教授都要大,你们的工资也比他们高,让这些老同志理解这件事情是不太可能的,人家发一些牢骚又没有侵害到你,就忍了吧。"员工们听了这番话,不满情绪平复了,那些大学老师也对刘积仁另眼相看。而且员工们对刘积仁的忠诚度更高了,他们说:"他对骂自己的人都这么好,对我们这些员工肯定也不会差!"

虽然被骂,可刘积仁却不记私怨,而是站在公正的立场上,全面地看待问题,不仅看到了自己这一方的付出和委屈,也看到了那些大学老师的辛劳和怨愤,因而说出的话才公道。所以不仅平复了员工的情绪,赢得了大学老师的尊敬,而且使员工看到了自己的品质,赢得了员工的忠诚,增强了企业的凝聚力。

沃森曾因经济纠纷被判有罪,虽然没有牢狱之灾,可公司的同事却对他议论纷纷,老板也对他十分猜忌。一次,公司的客户资料泄露,所有人都把矛头指向了沃森,怀疑是他出卖了公司。只有一位老员工说:"我们和沃森同事那么多年了,难道不了解他的人品吗?他被处罚是因为经济纠纷,与他的人品无关!"虽然沃森最终还是离开了公司,可他却始终记得这位老员工。后来,当沃森成为名满天下的 IBM 的创始人时,他再次找到了那位老员工，说："我高薪请您到我公司工作，不仅因为您出众的能力，还因为您公正处事的态度！"

沃森因为经济纠纷被判有罪，可人们却因此而怀疑他的人品，甚至猜忌他，只有那位老员工对他依然信任，不戴有色眼镜看他，为他说了一句公道话。这句公道话，起到了鼓舞沃森的作用，而且那位老员工也因为那一句公道话迎来了自己人生的一个转折。

只有拥有不畏强权的勇气，拥有不记私怨和理解他人的宽容之心，以及公正处事的态度，你的话才能真正公正、有道理。而你的公道话，也会给你带来他人的尊敬，甚至是改变人生的机会！

你也可以成为社交高手

"扶上马，送一程"

在人际交往中，很多人会觉得，帮助别人，只要在别人遇到麻烦或困难时，伸一把手就够了，但往往不会去考虑别人到底有没有因为自己的帮忙而彻底摆脱困境。其实帮助别人，不仅要"扶上马"，还要"送一程"才算真正圆满。

浅尝辄止的帮忙，等于没帮忙

李先生是一家国际连锁超市的人力资源部经理，他小时候和姑妈生活过一段时间，与姑妈一家感情很好。姑妈的女儿王方一直没有找到合适的工作，他就帮她在超市里找了一个职位。然而，王方并没有在大企业工作的经验，在试用期内，对企业有诸多不适应，她打电话给李先生，想请他为她做一些指导，帮助她顺利度过试用期。然而，李先生觉得，自己帮她解决了工作岗位的问题，已经帮了姑妈家很大的忙，做到这一步就已经足够了，于是

第十二章 雪中送炭 成就自我

对王方的事并没有太上心,只是随便应付了几句便草草了事。

三个月后,王方最终没能通过试用期,被超市辞退,姑妈一家对李先生也不再像以前那么亲热了。李先生觉得自己该做的都做了,可姑妈还是对自己冷冷的,于是他向自己的朋友诉苦,朋友却说:"在试用期的时候,你再帮王方一把又何至于有这样的结局?"

李先生帮助王方找到工作,确实是件好事,但他只是把王方"扶上马",而没有再"送一程",而是任其自生自灭。他虽然为王方找到了工作,却不管王方是否能胜任工作,最终,王方失去了工作。从结局来看,李先生的帮忙等于没帮忙。要真正帮助别人,不但要给别人提供机会,还要帮助别人掌握把握这个机会的能力,这样别人才能真正从这个机会中受益,你的帮忙也才会有意义。所以,要帮人,千万不要浅尝辄止,在事情刚好转时离开,否则很可能功亏一篑。

帮人帮到底,才是真帮忙

1935 年,年仅十六岁的殷海光在一套逻辑学教材上知道了金岳霖的名字,他直截了当地给金岳霖写了一封信,向这位教授请教。作为名教授,金岳霖对于这个叫"殷海光"的中学生非但没有不屑一顾,反而很快回了信,对他进行鼓励。

1936 年,殷海光的高中生涯结束,打算到北平求学。但家境

你也可以成为社交高手

贫寒的他却难以负担自己的生活及学习费用。这时候，殷海光又一次给金岳霖写信，请求金岳霖帮助他到北平学习。金岳霖为此找到张东荪，希望张能为殷海光安排一份工作，以便让殷海光能够一边挣钱，一边读书。在获得张东荪的允诺之后，金岳霖写信告诉殷海光："可以到北平来。"殷海光到达北平之后，张东荪的允诺却落了空，殷海光的生活难以为继。然而作为名教授的金岳霖此时却并没有离开，他主动负担了殷海光的生活费用，并与他约好，每周见面一次，一边吃饭，一边谈学问。跟随着金岳霖，殷海光在那一段时期里不但增长了学识，还结识了众多北平学术界的名流，这为他以后的道路打下了坚实的基础。殷海光对金岳霖也一直很感激，即使当他走上了和金岳霖完全不同的学术道路后，当有人写文不公正地批评金岳霖时，他也会站出来维护恩师。

帮助别人，很多人都做过，但像金岳霖这样帮得如此彻底的，却没有多少。金岳霖不但将殷海光"扶上马"帮他到北平求学，还"送一程"，帮他完成了学业，并将他领进了学术圈。可以说，如果没有金岳霖，殷海光的道路将会走得更曲折。而金岳霖"扶上马，送一程"的做法，不但培养了一位思想家，也赢得了殷海光的尊敬，并在学术界留下了一段佳话。帮助别人，不但把对方"扶上马"，还"送一程"，等到对方能熟练驾驭，朝前路飞奔而去时，自己再安然离开，这是一种品质，更是人生的一种境界。

我们帮助别人，是为了使别人摆脱困境，所以在伸手帮忙后，

第十二章 雪中送炭 成就自我

不要急着离开,而要看看,自己的援手,是否真的起到了作用,别人是否真的摆脱了困境。"扶上马,送一程",帮人帮到底,我们才会收获更多的快乐。

你也可以成为社交高手

别让你的好心伤了人

宋丽学习刻苦，成绩也很好，不过，由于她家庭条件不大好，所以她生活非常简朴，平常总是省吃俭用。这些都被好朋友陈小娟看在眼里。陈小娟的家境很好，也很乐于助人。有一次，两个人一起去逛街，在一家大型服装店里，她们看中了一件衣服。陈小娟毫不犹豫地买了一件，而宋丽虽然也很喜欢，但因为口袋没有钱，所以只能看看而已。陈小娟见状，便掏出钱包，豪气地说："怎么，你也想要吗？我知道你家里穷，买不起，但如果你喜欢的话，我可以买给你嘛。"说着，陈小娟就把钱交到宋丽的手上。当时，周围有很多人在，宋丽觉得非常尴尬，恨不得地上裂条缝钻进去，所以，她生气地说："谁说我喜欢这件衣服了，我才不要呢！"说完，就愤怒地跑回家，此后，她再也不理陈小娟了。

朋友们，在生活中你是不是也会遇到陈小娟这样的人呢？本来是为助人，但是由于助人不当，非但没有增加自己人情账户的收入，反而还引起了别人的反感。不得不说，当我们在"施恩"

第十二章 雪中送炭 成就自我

时,千万别不小心弄成了"施舍",两者虽然只有一字之差,却有不同含义。

有一位省级的运动员退役后,生活窘迫到不得不在街头卖艺,当地的一位企业家知道后,邀请他到自己公司的安保部门上班,当领导,月薪一万元。可是,他来到公司后,却发现自己能做的事情很少,工资却比一般同事高很多。很多同事对此也议论纷纷,明里不说,暗地里却笑话他是吃闲饭的。在职不到三个月的他最后递交了辞职信。企业家问及原因,他说:"您的心愿是好的,希望帮助有困难的人,但是……我,是不愿意接受自己不该拥有的施舍的。"

在这件事上,这位企业家本来充满善心施恩于落魄的运动员,但在安排工作时,没有安排合适的岗位,还不按公司常规,给他的工资待遇明显过高,如此高调的施恩,让人觉得带有施舍的意味。这位运动员不愿由此背上沉重的心理负担,所以才辞职。

有一位行善之人,在电视节目里偶然看到一个贫困的高中女生的报道,便资助了该贫困生。后来这名女生考上了大学,她依然每月寄给她几百元生活费。后来这位学生被辅导员指定为班长,接着又当了学生会干部,但是,这位资助者却要求她退出学生会,因为她认为一个穷孩子不适合那样做,因为当学生会干部后第一个月就用了将近一百元电话费,花销太大。虽然女生做了很多解释,但是这位资助者还是坚持自己的意见。于是,女生不得不背着她当学生会干部。可纸包不住火,资助者还是知道了这位女生隐瞒了事实，于是致电谴责她。这次谈话让女生受到很大的刺激，她感觉对方让自己的人格受到侮辱和侵害，双方因此产生了纠纷，此后形同陌路。

　　善心为什么结出的是恶果？这位资助者虽然是低调行善，但对受助者人格、权益不尊重，想要以资助之名掌控受助的女生。这种心理行为的根源来自资助者认为自己施恩于人，别人就该心存感激，自己就有干涉对方生活的权利。其实，人人都有自己的人格尊严，没人愿意仰人鼻息地接受别人高高在上的施舍。朋友们，生活中有些人的确需要帮助，或者也渴望被帮助，但同时，他们更需要人格的自由。因此，我们不能因为施恩于人就以为自己多么了不起，就认为自己能够左右别人的人生。

　　《菜根谭》说："施恩者，内不见己，外不见人，则斗粟可当万钟之报。"朋友们，当我们充满爱心地去帮助别人时，不要高调地到处宣扬，不要苛求什么，也不要胡乱施恩，低调地采取适当的方式，真正地帮助别人排忧解难，而后风轻云淡地放下，不着痕迹。

第十三章

遭遇窘境怎么办

上天给人一份困难时,同时也给人一份智慧。

——雨果

跳出交际窘境的妙法

复杂多变的交际场,有时候会因一些小摩擦致使自己与交际对象的关系陷入窘境,甚至出现严重对立。这当然不是我们所期望的。那么,一旦窘境不期而至,我们如何才能跳到圈外,避免受其困扰呢?

冒犯他人,踏着"道歉"跳

交际场上的磕磕碰碰总是无法避免的。如果你不慎冒犯了他人的利益或尊严,对方又很在意,你们的关系就很难不进入窘境了。要想尽早地摆脱窘境,使双边关系重归于好,你最好用"道歉"做跳板,从这个圈子里跳出来。

在某公司的高管会议上,总裁建议裁员四分之一,以应对金融危机,并吩咐秘书起草文件报董事会。资历较浅的副总裁邢菲却表示反对,她说裁员是应对金融危机的下策,不可取。为员工

第十三章 遭遇窘境怎么办

适当降薪，既可以保存企业实力，又可以保住员工的饭碗，这才是上策。总裁对邢菲的意见很反感，当着团队其他人的面对邢菲说："你算老几啊？也敢和我说三道四！'下策'怎么了？'下策'如果不能被批准，我照样有'上策'可以拿出来。小小年纪，怎么可以在公司遇到困难时与领导对着干？"邢菲并未屈服，仍然与总裁据理力争。团队的其他成员，多数与邢菲的意见一致。总裁见自己在大家的对立面，于是便自找台阶说："通过大家的一番争论，我觉得邢菲的提议很合理，比我想得要周全，因此，我的提议收回，就依邢菲了。刚才争论的时候，我说了人身攻击的话，对不住邢菲，愿意接受批评。我们要赶快把这个意见形成文案，报董事会。"说着，总裁向邢菲点头示意，顿时引来大家的掌声。

总裁在高管会上，对持不同意见的邢菲进行压制和人身攻击，万没想到自己竟站在了大家的对立面。为了摆脱窘境，聪明的总裁毅然放弃自己的观点，踩着"道歉"的跳板，只轻轻一"跳"，便赢得了掌声。一个人对他人有所冒犯，放下架子与人道歉，是一种变被动为主动，使自己走出窘境的智慧。

遭人嫉妒，踏着"示弱"跳

"木秀于林，风必摧之。"你处处比人高，样样比人强，必然是大家嫉妒的对象。受人嫉妒不是自己的错，但嫉妒你的人多了，自然会给你带来压力。跳出这种窘境也有一块踏板，那就是向嫉

你也可以成为社交高手

妒你的人示弱。

鲁杰从国内某研究所博士后流动站出站,他头脑灵活,又一表人才,年纪轻轻就做了一家外商公司研发部的经理,就连老吴和刘姐这两名响当当的资深副经理,都要听他的调遣,这让他不得不把大部分时间和精力都投注到工作上,其表现也深得老总的肯定。可时间不长,问题就出来了——研发部的工作成了他的独角戏,两名副经理很少主动配合。老吴说:"你年轻,有魄力,红得发紫,就多干点呗!"刘姐也讲过类似的怪话。鲁杰心里明白,他们说这类话是嫉妒自己的位置,长此下去,研发部的工作必定受到影响。于是他便公开声称:"吴经理是我的长辈,和我老爸年龄差不多,他参加工作的时候我刚上幼儿园,他的话我敢不听?""别看刘姐是女性,那是女中豪杰,跟刘姐在一起工作我只有向她学习的份儿。"鲁杰不仅在语言上示弱,有了成绩,有了好处,首先把两位副手摆在上首,自己甘居下首。没有多长时间,大家见鲁杰谦逊有礼、才能出众,就不拿他当对手了。之后,研发部的工作便出现转机。

鲁杰能力超强,年纪轻轻就做了经理。同事心生嫉妒,不是怪话连篇,就是消极怠工。鲁杰知道这是自己能力太强造成的。便在辈分、能力等方面找理由向对方示弱。在"成绩"和"好处"上,放低自己,推崇大家,最终使别人没有了嫉妒对立的理由。人际交往,遭遇嫉妒重围,如四面楚歌,十分困窘,若是踏着"示弱"跳一跳,或许可轻松脱离窘境。

第十三章　遭遇窘境怎么办

被人误会，踏着"实情"跳

人与人之间缺乏了解，便容易发生误会。如果人们对你的误会较多、较深重，足以影响到你的生活和工作，让你左右交困，那你就该想办法跳出这种窘境了。跳出的踏板很简单，那就是让对方了解实情。

林洁在一家广告公司供职，她的工作任务是跟客户沟通，之后再向分管设计制作的同事完整地传达客户的意图。一次，设计员老李休病假，把刚接手的一个项目转给了曹丽丽。这之前，客户曾调整过产品意图，可交接工作时，恰恰把这一点给忽略了，导致曹丽丽按照调整前的方案设计，结果产品出来后客户不买账。林洁不得不把自己的质疑和客户意见反馈给曹丽丽，要求她重做。曹丽丽觉得林洁是在故意刁难她，便发了火："你这人怎么能这样？我是按照老李交代的客户意图设计的，一点差错都没有，客户怎么会不满意？拿客户说事，不怕！别见我脑瓜软就想随便捏，告诉你，让我翻工没门儿！我要找老板投诉你拖延工作进度，哼！"曹丽丽这一嚷嚷，引来了一大片关注目光，任林洁再怎么解释也不灵了，让她非常被动。

林洁觉得和曹丽丽硬扛，只能是越来越僵，她便找到休假回来的老李，让老李和曹丽丽重新核对方案，结果老李承认交代手续时，把客户调整意图的事给忽略了，所以才让曹丽丽出了大错。这个误会一解开，曹丽丽的愤怒立刻就云消雾散了。

你也可以成为社交高手

　　曹丽丽接了别人手中的项目，由于没有交接好，导致客户对产品不买账，林洁找她谈话，她竟然认为林洁故意为难她，跟林洁大吵大闹，又不听解释，令林洁十分难堪，两个人的关系也因之进入窘境。之后，林洁把老李请来才让对方的误会云消雾散。因误会而出现窘境，根子在于误会方不知道实情。要想跳出窘境，务必踩牢"实情"这张跳板。

　　人际交往，陷入窘境也没有什么可怕的。"致窘"的原因大致有三：一是冒犯他人，二是遭人嫉妒，三是被人误会。如果读者朋友真的处于窘境之中，不妨试试上述的方法，努力地跳到圈外，让你的交际顺畅起来。

第十三章　遭遇窘境怎么办

狭路相逢，让者胜

　　宽阔的大道上，各行其道，互不干扰，通顺畅快。而狭窄的道上就需要有让的精神，路越窄越需要让。

　　范仲淹出身贫寒之家，年少时常去长白山上的寺庙里寄宿读书。那时候生活极为艰苦，每天只煮一锅粥，凉了以后划为四块，早晚各取两块，拌几根腌菜。有位书院的老板想请一位有文化的年轻人帮自己抄写一些资料，给予一些报酬。寺庙的方丈和这位老板熟悉，便推荐范仲淹。这对于范仲淹来说可谓是雪中送炭。范仲淹去书院的路上，遇到一位落魄的秀才，这位秀才也听说书院老板需要人，便毛遂自荐而来。范仲淹从秀才的言辞中了解到他家里更苦，更需要这笔钱。于是，便决定放弃赚钱的机会，折返回家。范仲淹的大义谦让让人感动，书院的老板便时常接济他，让他能有更好的条件读书。后来他考取了进士，成为一代名臣。

　　处在困境中的人谁不渴望早日走出来，当看到一条走出困境的路时，谁不愿意走上去呢？可是如果这条路很窄，只允许一个人通过，你会做出怎样的选择呢？同样是在困境中，范仲淹首先考虑的是别人，而不是自己。这种先人后己的谦让可以称为义举。他有一颗慈悲之心，而正是这种出自慈悲的谦让温暖了别人，也照亮了自己，让自己走上了一条光明的坦途。

路越窄越要让，因为路越窄，就越能体现出一个人的修养和品德。美德是一个人的内在，荣誉是一个人的外在。美德好比是荣誉的种子，播种谦让的美德，必然会收获人格的荣誉。

路越窄越要让人，让别人过去，自己才能更快地通过。不懂得谦让，那永远就只能行走在狭窄的小路上，而只有懂得谦让的人，才能走出狭窄的小道，踏上一条宽敞的马路。

第十三章　遭遇窘境怎么办

应对他人揭短的上下两策

俗话说："打人不打脸，骂人不揭短。"现实生活中谁都会出现错误，这时可能就会有人或有心或无意地揭我们的短，戳我们的伤疤，遇到这种情况，如果我们立刻反唇相讥，虽然能出一口恶气，却往往会给人留下尖锐、刻薄的印象，不利于进一步的交往。那么，当在谈话中遭遇他人揭短时，该如何应对呢？

下策：自护其短，短更短

一家公司想征集一副对联挂在企业门口，于是在当地报上刊登广告，发起一个征联活动。最后征上来很多对联，可这家公司不知出于什么原因，居然选中了一副对仗不工整的挂在了企业大门口。在当地的一个论坛上，有人便发帖指出其问题，并说："这么大个公司，连个懂对联的都找不出来，可叹呀！"这家公司感觉很没面子，可就是不把那副对联揭下来，反而在网上发出一封公开信称：

你也可以成为社交高手

"有的人尖锐地指出我公司对联不工整,并讥笑我们没有懂对联的人,其实是这些人无知,国人一向视工整的对联为正宗,岂不知孙中山先生的'革命尚未成功,同志仍须努力'一联,难道就工整了吗?所以说,工整有工整的好,而不工整的对联也有自身的优点。"结果此信一出,这家公司的对联一时间更成了当地的笑柄,甚至一位研究楹联的学者在写书时还把它当作反面教材收录其中。

大张旗鼓地搞征联活动,最后却选出一副不工整的对联,这本身就是工作出现纰漏,自己就该立即反省改正。面对他人的揭短,这家公司却为了维护自己所谓的颜面,强词夺理,自护其短,结果反成笑柄,自食其果。每个人都会遭遇失误,这不丢人,立即修正即可。如果遇到别人揭短,觉得有失颜面,就努力掩饰,自护其短,这样做只会使人看到你的虚荣。而更重要的是,一些人为了护短,不但不承认、不改正自己的错误处,反而朝着错误的方向极力狂奔,最终不但失去了完善自己的机会,反而使短处更短,也使揭短的人变得越来越多。

上策:善意回应,赢理解

某地几位领导悬浮在空中视察一条公路的"PS"(图像处理)照片在网上广为流传,一时成为人们的笑柄。这则令人啼笑皆非的新闻很快点燃了网民们"恶搞"的热情,一夜之间,三位领导的头像开始穿梭于各种场景之中。该地几乎陷入了"全面揭短"的汪洋大海之中。

第十三章　遭遇窘境怎么办

所有人都以为该地从此将与"丑闻"二字相伴,"永世不得翻身"。

然而,不久后该地就在其官方网站上挂出了向网络媒体、各位网友的致歉信。而后,某热门论坛出现相同的致歉信。该地还在新浪微博上开通官方微博进行道歉。"悬浮照"的制造者在贴出道歉信后,开始了与网友的轻松互动。他对全国热心的网友表示感谢,并希望网友给予该地更多的关注。意想不到的是,评论的主流声音很快就从嘲笑变成了理解和宽容。

面对"全民揭短"的尴尬境地,该地既没极力护短,也没转移话题,而是真诚地向大家道歉,同时更令人惊喜的是,他们正确看待揭短,认识到是揭短者指出了他们的错误,促使他们进步,因而在改正自身缺陷的同时,对揭短者表示感谢,这让人们看到了他们虚怀若谷的胸襟,也看到了他们对网友的尊重。

生活中,如果我们能怀着善意去看待揭短者,发现他们促使我们改正缺陷、完善自己的一面,那么我们便能坦诚地面对他们,对他们怀着谢意,不但完善了自己,也会使别人看到你的宽容与大度,看到你的真诚与善意,从而给予你更多的理解和支持,并把你当作值得信赖的人。

每个人都会有自己的短处,这并不丢人,而如果遭遇别人揭短时,一味地护短,甚至反唇相讥,只会使别人看见你的刻薄与狭隘,从而使短处更短,唯有胸怀善意,努力弥补不足,你才能不断地完善自己,也赢得他人的尊敬!

（全书完）